Heinrich Frey, University of Glasgow

Untersuchungen über die Lymphgefäße des Darmkanals

Heinrich Frey, University of Glasgow

Untersuchungen über die Lymphgefäße des Darmkanals

ISBN/EAN: 9783743682993

Hergestellt in Europa, USA, Kanada, Australien, Japan

Cover: Foto ©berggeist007 / pixelio.de

Weitere Bücher finden Sie auf **www.hansebooks.com**

UNTERSUCHUNGEN

ÜBER DIE

LYMPHGEFÄSSE

DES

DARMKANALES

VON

DR. HEINRICH FREY,

PROFESSOR DER MEDICIN IN ZÜRICH.

MIT 5 TAFELN IN FARBENDRUCK.

I. Ueber die Lymphgefässe der Colonschleimhaut.
II. Ueber die Chylusgefässe der Dünndarmschleimhaut.
III. Ueber die Lymphbahnen der Peyerschen Drüsen.

LEIPZIG,
VERLAG VON WILHELM ENGELMANN.
1863.

Ueber Lymphgefässe der Colonschleimhaut.

Mit Tafel XXXI.

Es herrschen bekanntlich über den Verdauungsprocess in den unteren Theilen des Darmrohrs zur Zeit noch vielfache Dunkelheiten. Indessen haben eine Reihe von Forschungen der letzten Jahre wenigstens so viel ergeben, dass eine Verdauung oder, um genauer zu sprechen, dass einmal eine Umwandlung von stärkemehlhaltigen Substanzen in Traubenzucker und dann namentlich eine weitere nachträgliche Eiweissverdauung mittelst eines Fermentkörpers des Darmsaftes hier noch stattfindet.

Ohnehin hatte die vergleichende Anatomie schon in einer längst verflossenen Epoche verdauende Thätigkeiten der Dickdärme wahrscheinlich gemacht, indem sie die so verschiedene Länge des ganzen Darmrohrs bei Carnivoren einen und bei Pflanzenfressern (Wiederkäuern, Einhufern und Nagethieren) andern Theils kennen lehrte und die ungleiche Ausbildung von Colon und Cöcum darthat.

Ein resorbirender, dem Lymphsysteme angehöriger Apparat in der betreffenden Schleimhaut selbst liess sich somit vermuthen. Nichts desto weniger ist meines Wissens eine derartige Einrichtung bis zur Stunde noch nicht bekannt, wenn man absieht von dem reich entwickelten, zierlichen Canalwerk lymphatischer Gefässe im wurmförmigen Fortsatze.

Selbst der neueste Schriftsteller über das Lymphgefässsystem, L. *Teichmann*, in seiner mit prachtvollen Zeichnungen geschmückten Arbeit (Das Saugadersystem vom anatomischen Standpunkte dargestellt. Leipzig 1861) bemerkt (S. 87), dass er zwar die tieferen, an der Unterfläche der Schleimhaut gelegenen Lymphgefässe für den menschlichen Dickdarm injicirt habe, dass er dagegen von diesem unter den *Lieberkühn'*schen Drüsen befindlichen Netzwerke aus nur in wenigen vereinzelten Fällen kleine schmale Gefässe habe austreten sehen, welche zwischen den genannten Drüsen verliefen. Wie weit sich aber dieselben durch die Schleimhaut erstreckten und welchen Verlauf sie nahmen, konnte er anfänglich nicht mit Bestimmtheit erkennen. Später will er sich überzeugt haben, dass sie in schrägem Verlaufe wieder umbogen und zu dem horizontalen Netzwerke zurückkehrten.

Hätte *Teichmann* seine Injectionsversuche des Colon weiter ausgedehnt und überhaupt eine grössere Begünstigung von dem für Lymphinjectionen so nothwendigen Glücke erfahren, so würden seine Resultate ganz anders gelautet haben; er hätte einen entwickelten, die Colonschleimhaut durchziehenden Lymphgefässapparat entdecken müssen.

Nur *His* hat kürzlich wenigstens einiges hierher Gehörige gesehen.[1]

Wir haben uns bei zahlreichen, in den letzten Monaten angestellten Einspritzungen der Lymphgefässe der *Hyrtl-Teichmann*'schen Methode bedient. Angeregt durch die kürzlich erschienene Arbeit von *His* studirten wir zunächst die Lymphwege dieser Organe. Natürlich wurde der übrige Dünndarm ebenfalls in den Kreis der Beobachtung gezogen und auch das System der dicken Gedärme auf das mir theoretisch wahrscheinliche, zur Oberfläche aufsteigende lymphatische Canalwerk geprüft.

Zur Injection bedienten wir uns kaltflüssiger, transparenter Massen. Ihre Kenntniss verdanke ich dem Studium englischer Arbeiten und ihre Empfehlung kann nur auf das Angelegentlichste stattfinden. Jeder, der sie nach den unten folgenden Vorschriften ohne grosse Mühe sich bereitet und wiederholt angewendet hat, wird für rein histologische Zwecke opaken Injectionsstoffen, wie Zinnober, Chromgelb etc., den Abschied geben, wobei ich mich zur Unterstützung wohl auf *Beale* berufen darf. Schlecht dargestellte transparente Massen transsudiren allerdings leicht. So erkläre ich mir manche in den letzten Zeiten gegen letztere gemachte Einwürfe.[2]

---

[1] In seiner Arbeit über die *Peyer*'schen Drüsen. Diese Zeitschrift Bd. XI. Heft 4. — Wir bedauern die kurze, in ihrer Allgemeinheit nicht ganz richtige Notiz früher übersehen zu haben.

[2] Die oben empfohlenen Injectionsmassen sind wässerige Lösungen unter Anwendung von Glycerin und Alkohol mit einander vereinigt. Nach mancherlei Versuchen bin ich bei folgenden stehen geblieben: 1) Blaue Masse nach der Angabe von *B. Wills Richardson* (Quarterly Journ. of Micr. Science. Vol. 8. p. 271). 10 Gran reines schwefelsaures Eisenoxydul werden in 1 $\bar{3}$ destillirtem Wasser gelöst; 32 Gran Kaliumeisencyanid in einer zweiten $\bar{3}$. Man bereitet ferner ein Gemisch von 2 $\bar{3}$ destillirtem Wasser, 1 $\bar{3}$ reinem Glycerin, 1 $\bar{3}$ gewöhnlichem (Aethyl-) Alkohol und 1 ½ $\bar{3}$ Methylalkohol. In einen Kolben bringt man nun die Lösung des rothen Blutlaugensalzes und trägt alsdann vorsichtig, langsam und allmählich unter starkem Umschütteln die Lösung des schwefelsauren Eisenoxyduls ein. Es entsteht ein grünlich schimmerndes Berliner Blau, in welchem das Auge keine Körner wahrnimmt. Dann fügt man, wiederum vorsichtig und unter Schütteln, das Glycerin- und Alkoholgemisch hinzu. Die Masse ist bei mikroskopischer Prüfung wunderschön erscheinend und, wie ich glaube, dauerhafter als ein von *Beale* früher angegebenes Berliner Blau (aus Kaliumeisencyanür und der Tinctura ferri muriat der brittischen Pharmakopoe). 2) Rothe Masse nach der Vorschrift von *Beale* (The Microscope in its application to Practical Medicine. London 1858. p. 68). 5 Gran Carmin werden mit etwas Wasser gemischt, dann durch Anwendung von 5—6 Tropfen starker Ammoniakflüssigkeit ge-

Während es mir nun leicht gelang, die Lymphbahnen des Dünndarms und der *Peyer*'schen Drüsen zu füllen, blieben anfangs alle Bemühungen, ein derartiges Resultat für die dicken Gedärme zu gewinnen, erfolglos. Sonderbarerweise haben wir auch bis zur Stunde für den Menschen und verschiedene Säugethiere den Nachweis noch nicht zu führen vermocht. Bei einem Kalbe glückte es uns ziemlich tief im Colon über Follikelhaufen die Lymphgefässe bis zur Schleimhautoberfläche in sicherster Art durch Injection darzuthun. Dagegen gelangen meine Versuche beim Schafe auf das Vollständigste. Ferner habe ich in der oberen Hälfte des Colon bei dem Kaninchen einen prachtvollen lymphatischen Apparat aufgefunden und für das ganze Colon beim Meerschweinchen denselben, allerdings in vereinfachter Gestalt, wiederum erhalten. Wie weit sich daher jene Lymphwege im Colon des Kaninchens nach abwärts erstrecken und wie weit sie noch andern Säugethieren, namentlich Fleischfressern, zukommen, vermögen wir bei der grossen Schwierigkeit derartiger Injectionen zur Zeit noch nicht anzugeben. Versuche beim Pferde, Schwein, der Katze, dem Hunde und dem Maulwurf blieben erfolglos.

Untersucht man den oberen Theil des Grimmdarms beim **Kaninchen**, so bemerkt man die Schleimhautoberfläche nicht glatt, wie bei andern Säugethieren, sondern mit sehr zahlreichen, abgeflachten und verbreiterten Darmzotten vergleichbaren Papillen oder Vorsprüngen versehen. Diese Vorsprünge haben ältere Forscher vielfach beschäftigt. *Cuvier* (Vorlesungen über vergleichende Anatomie, Uebersetzung von *Meckel*, Bd. 3. S. 495) erkannte sie als Papillen, während *Rudolphi* (Anatomisch-physiologische Abhandlungen S. 220) sie für Drüsen nahm. *Meckel* (System der vergleichenden Anatomie Bd. 4. S. 639) äussert sich folgendermaassen: »Eine merkwürdige Ausnahme von dieser Regel macht Lepus, wo im Anfange dieses Theiles (des Colon), namentlich im ersten Viertel, sich dicht stehende Zotten finden, die dicker, aber wenig länger als die des Dünndarms sind und von vorn nach hinten bedeutend abnehmen. Diese

löst und die Lösung mit ξ β Glycerin unter Schütteln verdünnt. Eine andere halbe ξ Glycerin wird mit 10 (oder auch mehr) Tropfen concentrirter Salzsäure angesäuert und der Carminlösung unter starkem Umschütteln langsam und vorsichtig zugesetzt. So fällt der Carmin höchst feinkörnig aus und das Ganze nimmt ein helleres Roth an. Zur Verdünnung dient eine Flüssigkeit, bestehend aus ξ β Glycerin, 2 ξ gewöhnlichem Alkohol und 6 ξ destillirtem Wasser. — Eine dritte transparente Masse gelang mir nicht zu finden. Ich bediente mich daher nothgedrungen einer opaken, als welche ich den schwefelsauren Baryt empfehle. Aus einer kalt gesättigten Lösung von etwa 4 ξ Chlorbaryum wird durch Zusatz von Schwefelsäure das betreffende Salz ausgefällt, dann nach längerem Stehen etwa die Hälfte der wieder klar gewordenen Flüssigkeit abgegossen und der Rest mit dem am Boden abgesetzten schwefelsauren Baryt unter Umschütteln mit einem Gemisch von Glycerin und Alkohol aa ξ 1 verbunden. Das letztere Weiss mit dem oben erwähnten Berliner Blau dient zweckmässig zur doppelten Injection der Blutbahn. — Derartig injicirte Präparate gestatten Aufbewahrung in durch ein Paar Tropfen Salzsäure angesäuertem Glycerin oder in durch Chloroform gelöstem Canadabalsam

Zotten hat *Cuvier* richtig für das erkannt, was sie sind, *Rudolphi*, dem auch ich früher irrig gefolgt bin, hält sie dagegen für Drüsen. Dies bezweifle ich indessen sehr, indem man sie nicht als einzelne Körnchen findet und keinen Schleim ausdrücken kann, der aus den wirklichen, im Dünndarm und den beiden drüsigen Abschnitten des Blinddarmes enthaltenen leicht und in Menge ausfliesst. Auch *Pallas* hält bei L. pusillus und ogotona nicht nur im Dickdarm, sondern auch im Blinddarm diese Körper für Zotten«.

Auch die tüchtige Arbeit *F. Böhm's* (De glandularum intestinalium structura penitiori. Berolini 1835) behandelt 16 Jahre später wiederum diese Vorsprünge (p. 48). Er erkannte sehr richtig ihren Bau und bemerkte bei der Frage ob Zotten oder Drüsen: »Accuratius autem in corpuscula illa dum inquirimus, totam superficiem inde fere a basi usque ad summum verticem osculis rotundis numerosissimis, in quae superne inspicere licet, instructam videmus. Obliquata dein singulari qualibet pyramide, oscula visum subterfugiunt, striaeque a vertice ad basin procurrentes, et in ipsam mucosam transeuntes apparent. Si vero mucosam undique distendis, striae radiorum in modum circum diffunduntur. Unaquaeque autem harum striarum exiguo formatur tubulo cavo, cujus apex in unum ejusmodi osculum exit. Hoc certius nobis persuadetur, si singularem pyramidem incisione longitudinali dissecamus. — — Superiores tubulorum fines, qui totius pyramidis apicem formant et in cavum intestini prominent, arctissime inter se cohaerent, inferiores rotundi sunt et clausi, facilique opera a mucosa sejunguntur. Quod si pro villis hae pyramides habendae essent, in finem clausum, nedum rotundum, inferne abire non possent«. Nachdem er von dem Auspressen des Drüseninhaltes gesprochen, bemerkt *Böhm* noch Folgendes: »Ex iis quae supra apposui, sequitur, ut corpuscula illa, quae in Leporis colo inveniuntur, non villi sint, sed glandulae pyramidatae, quae aggregatione tubulorum secernentium constituuntur. Itaque, quantumvis insolita esse atque a vulgari structura recedere coli in Lepore videatur superficies, congruit tamen cum ea, quam in homine ceterisque exhibet mammalibus, quod ex accuratiori utriusque patebit comparatione. Nam in hominis aliorumque mammalium intestinis crassis hae glandulae simplices tubulatae deprehenduntur, nec nisi eo a Leporinis differunt, quod in illis tanto fiunt majores, quanto proprius a fine intestinorum absunt; in his autem inversa ratione sic accrescunt, ut breviores sint in ultimo colo, et infra faciem mucosae laevem abditae jaceant, in medio producantur, et praeterea hac singulari formatione sint, ut supra faciem mucosae assurgant, et hic illic in fasciculos innumeros pyramidatos coeant, qui et ipsi, quo propius ad principium coli accedunt, eo magis amplitudine crescunt«. — Von Interesse ist dann noch eine spätere Stelle (p. 49): »Alterum enim coli in eo est negotium, ut, quae in eo adhuc contineantur fluida, et ad nutritionem utilia, resorbeat; quam resorptionem in principio coli, in quo adhuc fluida sunt contenta, necdum in globulos coacta, fieri necesse est. Itaque quum vasa lymphatica in eo pauca tantum reperiantur, villique, in quos efficacissimae eorum radices immergantur, omnino desint, ipsa vasa sanguifera huic muneri perficiendo inserviunt. Ac profecto, nullum reperitur animal, in quo luculentius, quam in Leporinis, hunc vasorum sanguiferorum finem esse, perspicere possis«. Dann folgt eine Beschreibung der Gefässanordnung, die ebenfalls gut erkannt ist.

Letztere habe ich selbst schon vor längerer Zeit in Gemeinschaft mit *F. Ernst* (Ueber die Anordnung der Blutgefässe in den Darmhäuten. Zürich 1851. Diss. c. Tab.) untersucht. Sie erscheint bekanntlich in der Colonschleimhaut als eine eigenthümliche, derjenigen der Mucosa des Magens ganz ähnliche, worüber unter andern auch *Kölliker* (Mikroskopische Anatomie Bd. 2. Abth. 2. S. 196. Fig. 244.) zu vergleichen ist.

Durchmustert man den oberen Theil des Colon bei dem uns hier zunächst beschäftigenden Thiere, dem Kaninchen, so treten die erwähnten Vorsprünge der im Mittel $0,35—0,4'''$ dicken Schleimhaut sehr zahlreich, in der Form an abgeflachte, verbreiterte Darmzotten erinnernd, hervor. Sie zeigen eine rundliche oder stumpfeckige Basis und endigen in einer Kuppel oder ganz stumpfen Spitze. Die Höhe jener beträgt im Mittel $0,1—0,085'''$; der Querdurchmesser des Grundes ergiebt meistens $0,2—0,11111'''$, seltener erhebt er sich bis gegen $0,25'''$. Bei dicht gedrängter Stellung sind die betreffenden Vorsprünge durch schmale und tiefe, steilwandige Thäler der Schleimhaut von einander abgegrenzt. Nach abwärts in den tieferen Partieen des Dickdarms nehmen jene Papillen an Höhe ab, um mehr und mehr zu schwinden und eine glatte Schleimhautoberfläche schliesslich zu hinterlassen. Die Muscularis mucosae im oberen Theile des Colon beträgt $0,0125—0,0175'''$.

Bekanntlich ist die ganze Dickdarmschleimhaut des Kaninchens, ebenso wie bei andern Säugern, von zahllosen, gedrängt stehenden, schlauchförmigen Drüsen erfüllt. Für unsere Schilderung genüge die Bemerkung, dass sie nicht allein in den tieferen, mit glatter Fläche versehenen Theilen des Colon diese dichte Stellung einhalten, sondern auch in der oberen, dem Dünndarm angrenzenden Partie. So werden dann jene Papillen von ihnen ebenfalls durchsetzt und auf der Spitze, sowie auch an dem Grunde des Vorsprunges bemerkt man mit Leichtigkeit die bekannten runden, von cylindrischen Epithelien kranzförmig eingefassten Drüsenmündungen.

Von den eben besprochenen Structurverhältnissen können Fig. 2 c. (Ansicht der Papillen von oben), ebenso die Zeichnungen Fig. 1 a. (Seitenansicht derselben) und Fig. 3. (eine Papille bei stärkerer Vergrösserung) dem Leser eine Vorstellung gewähren.

Der Quermesser der Schlauchdrüsen beträgt im Colon des erwachsenen Kaninchens meistens $0,02554—0,03193'''$; einzelne grössere können $0,03834'''$ erreichen (Fig. 4 a.). Entfernt von einander, durch Brücken des Schleimhautgewebes getrennt, sind die einzelnen Drüsen

0,00191, 0,00255—0,00319'''. Gruppen derselben werden durch breitere bindegewebige Massen von 0,00639 und 0,00898—0,01277'' Mächtigkeit von benachbarten geschieden (d.). In den Winkeln, welche durch das Zusammentreffen benachbarter Drüsenquerschnitte gegeben sind, liegen die Querschnitte der Capillaren (c.), während in den breiteren bindegewebigen Interstitien grössere Gefässe ($e, f.$) erscheinen.

Die in einer Papille enthaltene Zahl der schlauchförmigen Drüsen lässt sich mühelos an feinen Querschnitten jener erkennen. Ich habe derselben an grösseren Vorsprüngen gewöhnlich einige 20, an kleineren zuweilen aber auch ihrer nur 16 und 12 erhalten.

An feinen senkrechten Schnitten zeigen die Schlauchdrüsen noch eine Dicke ihres unteren (blinden) Theiles von 0,01277 und 0,01916 —0,0230'''. Die sie im gewöhnlichen gestreckten Netz umspinnenden Capillaren besitzen Querdurchmesser von 0,00255—0,00319'''. Die Länge der Schlauchdrüsen ist natürlich, je nachdem sie in der Tiefe zwischen zwei Papillen an den Seitenwandungen dieser oder auf ihrer Höhe münden (Fig. 3. Fig. 1b.), eine sehr verschiedene. In ersterem Falle kann sie nur 0,2—0,25''' betragen, in letzterem steigt sie auf 0,35''' und mehr heran.

Der Gefässverlauf im Colon des Kaninchens ist, wie schon oben bemerkt, ein eigenthümlicher, mit demjenigen der Magenschleimhaut wesentlich übereinkommender. Bleibt man bei der mit Papillen versehenen oberen Partie des Colon stehen, so durchsetzen die Arterienäste mit schiefem oder auch mehr senkrechtem Verlaufe die Muscularis des Darms, um so in das submucöse Bindegewebe zu gelangen (Fig. 1 e.). Sie zeichnen sich vor den Venen (h.) durch geringeren Querdurchmesser und eleganteren Verlauf aus. An der Unterfläche der Mucosa (Fig. 8 a. 9 a.) zerfallen sie rasch in ein gestrecktes Capillarnetz (Fig. 9 b.), welches, wie schon oben erörtert ist, mit seinen Maschen die Schlauchdrüsen umspinnt (Fig. 1.) und so zur Schleimhautoberfläche gelangt, wo es mit rundlichem, aber aus etwas stärkeren (0,00383—0,00447''' betragenden) Röhren gebildetem Netzwerk die Drüsenmündungen umgiebt. So beobachtet man es mit Leichtigkeit auf der Höhe jeder Papille. In der Achse der letzteren erscheint dann senkrecht absteigend die einfache Vene (g.) durch beträchtlicheren (0,00898, 0,01020—0,01277''' betragenden) Querdurchmesser von den Arterienästen ausgezeichnet. Ihre Bildung geschieht aus den die Drüsenöffnungen umspinnenden Capillarnetzen ($f.$), welche zu stärkeren, centripetal verlaufenden Venenwürzelchen sich sammeln. An der Unterfläche der Schleimhaut angekommen, vereinigen sich die Achsenvenen der Papillen zu einem horizontal verlaufenden, weitmaschigen Netzwerk stärkerer Stämme (Fig. 1 h. Fig. 8 b. Fig. 9 c.).

Injicirt man die betreffenden Colongefässe mit doppelter Masse, z. B. Blau und Weiss, und wendet man einen dritten Farbstoff, etwa Roth, zur Darstellung der Lymphgefässe an, so erblickt man im glücklichen Falle bei Betrachtung der Schleimhautoberfläche in der Achse jeder Papille die rothe Injectionsmasse in meist rundlicher Ansammlung und erkennt das blinde Ende eines senkrecht absteigenden Lymphweges (Fig 2 a.).

Senkrechte Schnitte durch die Mucosa (Fig. 4.) lehren, wie neben der Centralvene der papilläre Schleimhautvorsprung ein Lymphgefäss darbietet, welches (Fig. 1m. Fig. 3f.) selten einen ähnlichen, meist einen stärkeren Querdurchmesser als das Venenstämmchen besitzt (0,02554, 0,02040 —0,01020'''), jedoch nach abwärts gegen die Basis der Papille hin sich etwas zu verengen pflegt (0,01020—0,00766''' im Mittel). Nach oben, gegen die Höhe des Vorsprunges zu, endet das Lymphgefäss entweder abgerundet und bisweilen leicht kolbig angeschwollen (Fig. 1. Fig. 3.), also ganz wie ein einfaches Chylusgefäss in der Darmzotte (zuweilen auch leicht umgebogen) oder erst nach Abgabe eines oder mehrerer blinder Seitenzweige. In grösseren Papillen, indessen auch nicht gar selten in solchen von gewöhnlichem Querdurchmesser, können zwei solcher Lymphstämmchen vorkommen, die mit ihren mehrfachen blinden Endästen vermöge horizontaler Querwege in Verbindung stehen. Ebenso kann aus der einen Papille ein tief abgespaltener Seitenzweig eine Strecke weit horizontal durch die Schleimhaut zu einer andern Papille verlaufen.

Niemals, wie es ja auch für die Darmzotten bekannt ist, erreicht das blindsackige Ende die Oberfläche der Schleimhaut; stets bleibt es vielmehr bald in grösserem, bald in geringerem Abstande von jener entfernt und der darüber gelegene Theil des Schleimhautgewebes beherbergt die Haargefässe, welche theils die Drüsenöffnungen umziehen, theils in bogigem Verlaufe zu Venenanfängen sich gestalten, Dinge, die schon früher ihre Besprechung gefunden haben. Die Entfernung des blinden Endes des Lymphcanales von der vom Epithel entblössten Papillenoberfläche fand ich 0,00319, 0,00383, 0,00510 und 0,0115''', an sehr frühzeitig endenden Stämmchen aber auf 0,02554 und 0,03831''' betragend.

Für die Menge der Lymphstämme kann die Bemerkung wenigstens einen Anhaltepunkt geben, dass die mittleren Entfernungen je zweier derselben an Verticalschnitten zwischen 0,15, 0,2—0,25''' betragen.

An der Schleimhautunterfläche vereinigen sich die centralen Lymphgefässe der Papillen zu dem horizontal verlaufenden, weitmaschigen Netzwerk stärkerer 0,025, 0,04, 0,05—0,1''' betragender Lymphgefässe, welches im Allgemeinen in der Submucosa gelegen ist. Einfach oder doppelt laufen letztere Gefässe neben den Venen hin (Fig. 1k. Fig. 8d. Fig. 9d.). Bisweilen scheint sogar der venöse Blutstrom innerhalb der Lymphbahn zu geschehen, d. h. mit andern Worten, die Tunica adventitia der Vene ist zur sogenannten Lymphscheide geworden (Fig. 1l.).

Es tritt dem sachkundigen Leser die nahe Verwandtschaft der die Dickdarmpapillen des Kaninchens durchziehenden Lymphströme mit denjenigen der Darmzotten entgegen, obgleich die drüsenlose Zotte des Dünndarms denn doch etwas Anderes darstellt, als die drüsenbeherbergende

Colonpapille. (Freilich ist auch in der äusseren Haut eine verwandte Bildung von Lymphwegen dargethan.)

Wir bemerken hier endlich noch, dass zwar die Lymphgefässe der Subserosa mit specifischer Wandung versehen sind, nicht mehr jedoch die der Submucosa und Schleimhaut. Letztere führen unserer Ansicht nach diesen Namen nur noch im uneigentlichen Sinne, indem eine specifische Gefässwand ihnen abgeht und nur verdichtetes Schleimhautbindegewebe die Begrenzung des Stromes bildet.[1] (Man vergl. Fig. 4 g, h.). Diese Begrenzung und Einfriedigung ist indessen eine so vollkommene, dass sie physiologisch den Dienst einer specifischen Gefässwandung leistet. Die feinkörnigste Injectionsmasse gelangt niemals in das benachbarte Schleimhautgewebe, ebensowenig als bei der Anfüllung einer Darmzotte. Von der Existenz eines Epithels auf der Innenfläche dieser Lymphcavernen haben wir uns bis zur Stunde noch nicht mit Sicherheit überzeugen können. So befinden wir uns hinsichtlich der beiden zuletzt hervorgehobenen Punkte in Opposition mit Angaben, welche kürzlich von *Recklinghausen*[2]) gemacht wurden.

Das Colonschleimhautgewebe selbst (Fig. 4 d. Fig. 5 b.) ist im Uebrigen ein Mittelding zwischen faserigem Bindegewebe und jener netzförmigen Masse, wie sie das Gerüste der Lymphdrüsenfollikel etc. bildet, doch unserer Ansicht nach dem ersteren näher verwandt als dem letzteren. An einzelnen Stellen (Fig. 4. Fig. 5 d.) wird das betreffende Gewebe des Colon Lymphzellen erzeugend, welche spärlich, vereinzelt oder in kleinen Gruppen zu erkennen sind. Wir haben bei einer ganzen Anzahl in letzterer Zeit untersuchter Säugethiere dasselbe gesehen und nur bei dem unten zu erörternden Colon des Schafes die betreffende Zellenformation in weit grösserer Menge angetroffen. Nach dem vorhin über die bindegewebige Einfriedigung des Lymphstroms Bemerkten gelangen die betreffenden Lymphzellen aber nicht in den Lymphstrom, sie entstehen und vergehen innerhalb des Gewebes, aber getrennt vom letzteren, ein Geschick, welches ja gewiss auch zahllose Zellen in den Follikeln der Lymphdrüsen, den *Peyer*'schen, in den *Malpighi*'schen Körperchen der Milz (und auf pathologischem Gebiete zahllose Eiterzellen) erfahren dürften.

Viel reichlichere Lymphzellen bildet dagegen der Dünndarm der Säugethiere. Als Beleg möge Fig. 6., der Querschnitt aus dem betreffenden Darme des Kaninchens, dienen. Weitere Angaben haben wir kürzlich in einer Zürcher'schen Dissertation[3] hierüber gemacht.

[1] Soweit stimmen wir den vor Kurzem veröffentlichten Angaben von *His* (Untersuchungen über den Bau der *Peyer*'schen Drüsen und der Darmschleimhaut) bei; in Anderem entfernen sich manche unserer Resultate mehr oder weniger von den seinigen.

[2] Die Lymphgefässe und ihre Beziehung zum Bindegewebe. Berlin 1862.

[3] *A. Schärtl*, Einige Beobachtungen über den Bau der Dünndarmschleimhaut. Zürich 1862.

Ohne alle Lymphzellenproduction trafen wir dagegen das gewöhnlich faserige Schleimhautgewebe zwischen den Labzellen im Magen des Kaninchens (Fig. 7 d.).

Wenden wir uns nun nach dem eben Beschriebenen zum Dickdarme des Meerschweinchens, so gestaltet sich Manches abweichend. Die Schleimhaut hat bei einem erwachsenen Thiere an Weingeistpräparaten eine mittlere Höhe von 0,1375'''. Die Schlauchdrüsen des Colon, ziemlich breit und kurz erscheinend, besitzen eine mittlere Länge von 0,125'''. Der Muskelschicht der betreffenden Schleimhaut kommt sonach eine ungefähre Mächtigkeit von 0,0125''' zu. Der Querdurchmesser der Drüsen ergiebt für die meisten derselben 0,0225—0,02'''. Die Abstände zwischen ihnen betragen 0,005, 0,0075, 0,01—0,0125''', hier und da auch noch mehr. Die Gestalten der Drüsenöffnungen, die Inhaltszellen des Schlauches bedürfen, da sie nichts Eigenthümliches gegenüber dem Kaninchen darbieten, keiner weiteren Besprechung. Die Oberfläche der Schleimhaut ist nahezu glatt, höchstens nur mit ganz leichten welligen Erhebungen und Senkungen versehen. Der Gefässverlauf, an mehrfachen Präparaten durchmustert, ist ebenfalls der gewöhnliche des Colon. In dem submucösen Stratum erscheint das bekannte horizontale Netzwerk arterieller und namentlich venöser Zweige.

Der Textur des Schleimhautgewebes selbst haben wir wie bei dem vorher besprochenen Thiere unsere Aufmerksamkeit gewidmet. Ein ganz ähnliches loses Bindegewebe tritt an in Weingeist erhärteten Darmstücken abermals entgegen, mit einer verwandten Kern- oder Zellenformation wie beim Kaninchen. Lymphkörperchen kommen hier wenigstens stellenweise in mässiger Menge vor. Mitunter liegen sie innerhalb der Schleimhautbrücken zwischen den Drüsenöffnungen neben den hier gewöhnlich doppelten, rundlichen Haargefässringen in beträchtlicherer Anzahl.

Die Injection der Lymphgefässe des Colon bei unserem Thiere haben wir mehrmals versucht, meistens ohne Erfolg oder mit nur ganz ungenügenden Resultaten. Ein Mal dagegen, bei einem alten Männchen, gelang sie nach vorhergegangener Einspritzung der Blutgefässe in überraschender Schönheit und zwar fast überall, wo eine Canüle in die Submucosa eingeführt wurde. So ergab sich die Gelegenheit, vom Anfangstheile des Colon an durch die ganze Länge dieses Darmstückes bis in das Rectum tief hinab das Lymphgefässsystem der Schleimhaut nachzuweisen. Verschiedenheiten in der Anordnung desselben nach den Localitäten der dicken Gedärme sind uns wenigstens für die Schleimhaut selbst keine vorgekommen, wohl aber hinsichtlich der Anordnung der tiefer gelegenen horizontalen subserösen Netze. Letztere richten sich wenigstens in ihren stärkeren Stämmchen zum Theil nach der Verlaufsweise der grösseren Blutgefässe. Indem diese in dem oberen Theile des Colon langgezogene, rechtwinklige Maschennetze bilden, tritt hier eine ähnliche Gestaltung des Lymphnetzes mit zahlreichen seitlich abtretenden Zweigen uns entgegen.

In den tieferen Dickdarmpartien dagegen ist diese gestreckte Beschaffenheit der stärkeren Lymphgefässe verschwunden.

Das submucöse Maschenwerk der Lymphgefässe zeigt sich nun, was Form und Grösse der Maschen, sowie das Caliber der Röhren betrifft, unter einem höchst variablen Bilde. Maschen von $0,01677$ und $0,02'''$ Weite wechseln mit solchen von $0,05$—$0,1'''$ und mehr ab. Lymphgefässe von einer Stärke von $0,015$, $0,02$ und $0,0225'''$ erscheinen neben anderen, deren Querdurchmesser auf $0,05$—$0,075'''$ und mehr gestiegen ist. Bisweilen sind einzelne dieser stärkeren Röhren nur durch ganz schmale, spaltartige Interstitien von einander getrennt, so dass Bilder, welche an die Anordnung im Dünndarme des Schafes erinnern, zur Beobachtung kommen. Im Allgemeinen ist der Verlauf jener ein schwach welliger. Von stärkeren, knotigen Anschwellungen in der Länge einzelner Röhren ist nichts zu bemerken.

Feine Verbindungsfäden zwischen den Röhren dieses horizontalen Netzwerkes kommen wenigstens stellenweise zur Erscheinung. An stark gefüllten Partien, wenn die Barytinjection benutzt worden war, boten jene $0,01'''$ Querdurchmesser dar. Mit dem *Beale*'schen Blau weniger reichlich erfüllte Stellen zeigten diese Röhren häufig hier oder dort in ihrem Verlaufe bis zu $0,005'''$ verfeinert, ein Beweis, wie das so dehnbare Lymphgefässnetz nach der Stärke des Eintreibens und nach der Beschaffenheit der Injectionsmassen in seinem Ansehen sich veränderlich gestaltet.

Weit einfacher und sparsamer als beim Kaninchen gestalten sich dagegen für das Meerschweinchen die zwischen den Schlauchdrüsen des Colon zur Oberfläche der Schleimhaut aufsteigenden Lymphgefässe. Sie stehen in Abständen von $0,075$, $0,1$—$0,2'''$ und mehr von einander entfernt. Stellenweise mass sogar der Abstand je zweier bei einer Flächenansicht bis zu $0,25$ und $0,3'''$. Das Ganze der Anordnung besitzt überhaupt etwas Unregelmässiges. Querschnitte ergaben, dass 10, 15, 20 und mehr Drüsenmündungen zwischen je zweien der aufsteigenden Lymphgefässe vorzukommen pflegen.

Die Form der letzteren ist eine kürzere, dickere, — ich möchte sagen eine plumpe —, gegenüber den beim Kaninchen geschilderten Lymphgängen. Der aufsteigende Gang erscheint beim Meerschweinchen in einer Breite von $0,025$, $0,03333$, $0,035$—$0,04'''$, oftmals an seinem Ursprunge etwas feiner als nach oben, d. h. gegen das blinde Ende hin. So nimmt er häufig die Gestalt eines Kolbens oder einer Keule an. Seitengänge kommen fast gar nicht zum Vorschein, während sie doch bei dem Kaninchen häufig genug zu bemerken sind.

Es endigen jene Gefässe auffallenderweise in sehr verschiedener Höhe, bald der Schleimhautoberfläche nahe, bald noch durch einen beträchtlichen Abstand von ihr getrennt. Erstere, immer noch von dem Blutgefässnetze der freien Mucosenfläche bedeckt, bleiben $0,01429$—$0,01'''$ von dieser entfernt, während für die letzteren eine Entfernung von 0,075— 0,05''' erscheint. An feinen, etwas ausgepinselten Querschnitten ergiebt sich genau die gleiche Wandung der Lymphcanäle wie für die schlankeren und zierlicheren aufsteigenden Lymphgänge des Kaninchens. Auch hier ist die Verdichtung des Bindegewebes eine so nachhaltige, dass kein Körnchen der Injectionsmasse in das angrenzende Gewebe eingetrieben wird. Ebenso bemerkt man über das kuppelartige blinde Ende des Lymphstromes die nämliche Begrenzung. Der Gedanke an ein etwa durch die Injection gesetztes Artefact muss sonach schwinden, wie ja auch die Verwandtschaft der Einrichtung bei Meerschweinchen und Kaninchen eine unverkennbare ist.

Wenden wir uns nun zu den Dickdärmen des Schafes, so möge die Bemerkung gleich hier vorausgeschickt werden, dass es uns gelungen ist, nicht allein an den verschiedensten Stellen die Lymphgefässe der Colonschleimhaut zu injiciren, sondern selbst noch in der Mucosa des Rectum dicht über dem Sphincter ani, ebenso in derjenigen des Coecum den betreffenden Apparat durch künstliche Füllung darzuthun. Allerdings injiciren sich in der Regel nur kleine, ein Paar Quadratlinien betragende Stellen, allein in einer so regelmässig schönen Weise, dass jeder Zweifel bei der ersten Durchmusterung der Präparate verschwinden muss. Im Uebrigen sind wir ein Mal so glücklich gewesen, im Colon ascendens des Schafes einen ganzen Quadratzoll zu füllen. Das Lymphgefässnetz bietet nun allerdings für das ganze Colon und Coecum ein gleiches Ansehen und für das Rectum nur geringe Modificationen dar. Um aber die Schilderung desselben zu begreifen, müssen wir die Schleimhaut vorher ihre Besprechung finden lassen.

Betrachtet man die im Allgemeinen mit glatter Oberfläche versehene und nur stellenweise kleine, zottenartige Vorsprünge bildende Schleimhaut des Colon und Coecum bei dem betreffenden Thiere mit unbewaffnetem Auge, so bemerkt man (namentlich wenn man hierbei das Darmstück etwas anspannt) eine Abgrenzung in polyedrische, $\frac{1}{4}$, $\frac{1}{3}$ bis gegen $\frac{1}{2}'''$ messende, Felder, welche eine bald geringere, bald grössere Anzahl schlauchförmiger Drüsen beherbergen. Die Interstitien zwischen diesen Feldern messen 0,015—0,025''', erstrecken sich aber nicht bis zur Oberfläche der Mucosa selbst, denn das Mikroskop zeigt ein Mal über dem aus der Tiefe durchschimmernden lichteren Raume die Mündungen der Dickdarmdrüsen und die in ganz feinem Horizontalschnitt gewonnene Oberfläche der Schleimhaut lässt dem entsprechend von jenen hellen, Felder abgrenzenden Zügen noch nichts wahrnehmen. Ohne schon jetzt in die Bedeutung dieses Bildes einzugehen, fügen wir nur noch hinzu, dass die Stellung der Drüsenschläuche am Rande des Feldes etwas Unregelmässiges gewinnen muss, indem der untere Theil des Schlauches eine schiefe, d. h. gegen den Mittelpunkt eines Feldes zugekehrte, Richtung einzuhalten gezwungen ist.

In der oberen Partie des Colon besitzt die Schleimhaut eine Höhe von etwa 0,1375''', wovon ungefähr 0,01330''' auf die Muscularis mucosae kommen. Die Drüsenschläuche zeigen desshalb eine mittlere Länge von 0,125'''. Ihre Breite schwankt zwischen 0,02554 und 0,02808—0,03448 und 0,03830''': hier und da gelangt einer derselben sogar zu einem Querdurchmesser von 0,04460'''. Damit in Uebereinstimmung stehen die Durchmesser der meistens rundlichen Drüsenmündungen an der Schleimhautoberfläche. Geschieden sind sie durch die bekannten ringförmigen bindegewebigen Interstitien von sehr wechselnder Breite. Die dünnsten der letzteren messen nur 0,00766'''; häufiger kommen solche von 0,01277 und 0,01532''' vor. Breite können 0,01915 und 0,02554''' erreichen. Das Gewebe dieser trennenden Schleimhautpartien, ähnlich demjenigen tieferer Stellen, erinnert im Allgemeinen an dasjenige des Kaninchencolon, ist aber weit reicher an Lymphzellen, viel reicher überhaupt als uns je das Colon anderer Säugethiere vorkam.

In der unteren Partie des Colon zeigt die Schleimhaut eine Höhe von 0,02''' mit einer Muscularis von circa 0,0125'''. Interstitien und Querdurchmesser der Schlauchdrüsen bleiben die gleichen; die Lymphkörperchen sind auch hier recht zahlreich vorhanden.

Im Coecum besitzt die Schleimhaut eine Mächtigkeit von 0,1125— 0,125'''; die Querdurchmesser der Drüsen liegen zwischen 0,01915— 0,3830''', diejenigen der trennenden Bindegewebeschicht zwischen 0,00898 und 0,01020—0,01915'''.

Während im oberen Theile des Colon und im Blinddarm auf senkrechten Schnitten die Schleimhaut nur eine leicht wellig gebeugte Oberfläche zu erkennen giebt, zeigt der untere Theil des Grimmdarmes beim Schafe, wenigstens stellenweise, kleine an Zöttchen erinnernde Vorsprünge mit höchstens einer Länge von 0,025'''.

Im Rectum endlich ergab die Schleimhaut eine Dicke von 0,14286 und 0,11111''', die Drüsen führten eine Länge von circa 0,125''' bei einem Querdurchmesser von 0,01533—0,01915'''. Die bindegewebigen Interstitien zwischen jenen waren etwas ansehnlicher geworden.

Die Injection lehrt nun Folgendes: Ist die Canüle am uneröffneten Darmstücke unter die Serosa eingeführt worden, so füllen sich zunächst einzelne stärkere, unter dem serösen Ueberzuge verlaufende Stämme. Es tritt uns hier ein weitmaschiges Netzwerk ziemlich starker, mit Klappen versehener Lymphgefässe entgegen. Die Maschenräume sind gestreckt und zwar in ihrem grössten Durchmesser im Allgemeinen mit der Längsaxe des Darmrohres zusammenfallend. Aus ihnen erheben sich von Strecke zu Strecke, gewöhnlich in schiefer Richtung aufsteigende, Röhren, welche die Muskelhaut durchsetzen und hierbei die Interstitien zwischen den Bündeln der ringförmigen Muskulatur des Colon einhalten. Ich maass eine Anzahl dieser knotig erscheinenden — und meiner Ansicht nach mit besonderer Gefässwand sowie Klappen versehenen — Canäle und erhielt im

Mittel Querdurchmesser von 0,025—0,04 und 0,05'''. Einzelne waren indessen noch um ein Bedeutendes weiter.

Bei irgend stärkerem Drucke der Injectionsspritze entstehen gerade von diesen aufsteigenden Gefässen aus sehr leicht Extravasate und zwar besonders in die bindegewebigen Interstitien der ringförmigen Muskelbündel. Das hier befindliche lose Bindegewebe wird dabei oft ausserordentlich ausgedehnt, so dass an Verticalschnitten der Darmwand grosse, $\frac{1}{3}$, $\frac{1}{2}'''$ und mehr messende Räume zur Ansicht kommen, welche leicht zu einer Täuschung Veranlassung geben können.

Das der Schleimhaut selbst angehörige System lymphatischer Gefässe und Wege ist ein beträchtlich entwickeltes, jedenfalls reichlicher als dasjenige des Meerschweinchens. Vergleicht man jedoch den Gehalt der Colonschleimhaut an Lymphgefässen mit der enormen Entwicklung dieses Systemes, wie es im Dünndarme des Schafes vorkommt und von *Teichmann* in seinem Werke wahrheitsgetreu geschildert worden ist, so tritt uns eine relative Armuth des Colon an Lymphwegen entgegen.

Man hat an dem horizontalen Netzwerke der Colonschleimhaut ein tieferes, der Submucosa eingebettetes und ein oberes, der Schleimhaut selbst eingelagertes zu unterscheiden und vermag die beiderlei Netze verbindenden Gänge leicht an passenden Präparaten zu erkennen.

Die Stämme des submucösen Netzwerkes zeigen gewöhnlich ein sehr knotiges Ansehen und besitzen entschieden noch die specifische, klappenführende Gefässwandung. Ihre Querdurchmesser (nach dem zuletzt bemerkten an einem und demselben Rohre schon variabel) fallen sehr ungleich aus, von 0,02—0,04 und 0,075'''. Starke erreichen sogar 0,125''' und mehr. Sie stellen ein unregelmässiges Netzwerk mit einer Maschenweite von 0,05, 0,125—0,175, 0,2 und 0,3''' dar.

Aus ihnen erheben sich ziemlich sparsame, aufsteigende Gänge, welche in die Mucosa eindringen und eine Strecke weit zwischen den hier liegenden Schlauchdrüsen zur Schleimhautoberfläche emporstreben. Nach dem Ansehen, welches nicht mehr knotig erscheint, ist hier die klappenführende, specifische Gefässwand verschwunden. Bei mikroskopischer Untersuchung lehren starke Vergrösserungen (wie für das Colon des Kaninchens) eine bindegewebige, freilich fest gewebte, begrenzende Schicht; das Lymphgefäss ist also zur Lacune geworden.

Indessen die so zwischen den Schlauchdrüsen aufsteigenden Stämme (deren Querdurchmesser wiederum wechselnd, denen der submucösen Gefässe von mittlerem Caliber ähnlich erscheinen,) gelangen in der Regel nicht weit. Schon in der halben Höhe der Schleimhaut oder höchstens noch $\frac{1}{4}$ der Höhe von der freien Mucosenfläche entfernt, zerfallen sie in annähernd rechtwinklig ausstrahlende Zweige, welche bald in völlig horizontaler Richtung, bald nur sehr schwach ansteigend, quer zwischen den Schlauchdrüsen verlaufen und durch weitere Astabgabe zu einem oberen Netzwerke lymphatischer Canäle sich gestalten.

Dieses Netzwerk nimmt nun die bindegewebigen Interstitien zwischen den Gruppen der schlauchförmigen Drüsen ein, deren wir schon gedacht haben und tritt uns bei der Regelmässigkeit jener in einem sehr zierlichen Ansehen entgegen. Fünf- und sechseckige, zuweilen unbestimmt polygonale Maschen von 0,15 und 0,2—0,25, 0,3''' und mehr Weite umschliessen eine wechselnde Menge der Drüsenschläuche. Der Querdurchmesser der Lymphcanäle liegt zwischen 0,00766, 0,01020 und 0,01277—0,02554 und 0,03321'''. Einzelne erscheinen spindelförmig, in der Mitte erweitert und nach den beiden Enden (gegen die Winkel des Maschennetzes hin) beträchtlich verengt.

Seitenansichten lehren, dass das horizontale Netz von der freien Schleimhautfläche 0,02, 0,04—0,05 und 0,1''' entfernt bleiben kann. Nur selten gelangt es ein Mal für eine kleine Strecke noch höher hinauf, bis gegen 0,0125'''.

Aus dem uns beschäftigenden oberen Netze nun treten in mässiger Menge schief oder senkrechter aufsteigend, häufig leicht rankenförmig gekrümmt, blindsackige Endcanäle nach oben. Ihre Querdurchmesser ergeben meistens 0,01277—0,01532'''. Die feinsten können bis zu 0,00639''' herabsinken. Die Länge dieser an ihrem blinden Ende oft leicht kolbig dilatirten Gänge wechselt von 0,03321—0,05746''' und mehr. Theilungen des Endganges bilden verhältnissmässig seltene Vorkommnisse. Der Gang liegt stets in den bindegewebigen Ringen, welche die Querschnitte der Schlauchdrüsen einfriedigen und erfüllt nicht selten fast den ganzen Innenraum ersterer. Die Begrenzung des Canals gestaltet sich, wie schon bemerkt, demjenigen, was wir für die Colonpapille des Kaninchendarmes beschrieben haben, ganz ähnlich. Die Entfernung des blinden Endes unter der vom Epithel entblössten Schleimhautoberfläche wechselt. Die am höchsten aufgestiegenen bleiben von letzterer (natürlich noch von Blutgefässen bedeckt) 0,01429—0,01''' entfernt, kürzere 0,05''' und auch mehr.

Die Menge der kolbigen Endcanäle lässt sich ungefähr schätzen, wenn wir bemerken, dass ein circa 3 □mm. messendes Stückchen der Schleimhautfläche deren einige 20 führte.

Es würde nur eine unnütze Weitschweifigkeit sein, wollten wir nach dem eben gelieferten Bilde (was zunächst für den oberen Theil des Colons gilt) noch die ganz unbedeutenden Variationen hinzufügen, welche das Colon descendens und das Coecum des Schafes zeigt. Im letzteren Darmstücke waren die Röhren etwas feiner und die Mehrzahl der Maschen um etwas enger als im Grimmdarm.

Das Rectum endlich wiederholt wesentlich dieselbe Anordnung der Lymphgefässe und Lymphnetze. Die Canäle des oberflächlichen horizontalen Netzwerkes zeigten eine stärker gekrümmte, fast rankenartige Form. Ihre Dicke fanden wir differirend von 0,00766 und 0,01020—0,02554''' und mehr. Die Maschen waren in Grösse und Gestalt wechselnder als im Colon und Coecum; viele erschienen gestreckt, andere zeigten sich nur unvollkommen eingegrenzt.

Gehen wir endlich zu dem letzten der Säugethiere über, wo die Einspritzung glückte; sehen wir, was das Colon des Kalbes darbot.

Nach einigen verunglückten Versuchen gelang uns ziemlich tief im Colon eine Injection unter eigenthümlichen Umständen. Nachdem wir nämlich an verschiedenen Stellen des uneröffneten Darmes vergeblich oder mit höchst geringem Erfolge die Einfüllung versucht hatten, bot sich später am aufgeschnittenen Colon eine Stelle, wo gedrängt stehende Solitärfollikel das Einführen der Canüle erleichterten und wo sich ein brillantes Netzwerk von Lymphgefässen und Lymphwegen nachweisen liess.

Die Colonschleimhaut des von uns benutzten Kalbes bot an Weingeistexemplaren eine Stärke von etwas mehr als ¼ und etwas weniger als ⅓''' dar. Die Muscularis derselben wechselte von $0{,}02554$—$0{,}03831'''$ und schickte feine Züge von Spindelzellen zwischen den Schlauchdrüsen nach aufwärts. Die Länge der letzteren ergab im Mittel $0{,}2$—$0{,}225'''$; ihr Querdurchmesser lag in der Regel zwischen $0{,}02554$, $0{,}03193$—$0{,}03831'''$; kleinere, im Diameter $0{,}02040$—$0{,}0230'''$ messende kamen verhältnissmässig nicht so selten vor; stärkere dagegen von $0{,}04469'''$ und mehr waren sehr sparsam. An tieferen Horizontalschnitten der Schleimhaut erschien ein ganz ähnliches Gewebe zwischen den Schlauchdrüsen, wie wir es in einem früheren Abschnitte dieser Arbeit ausführlich für das Colon des Kaninchens geschildert haben und auch in nichts reicher an Lymphzellen als bei dem letztgenannten Geschöpfe. Die Zwischenräume zwischen den Drüsen waren sehr ungleich; gedrängt stehende Schlauchdrüsengruppen mit Interstitien von $0{,}00255$, $0{,}00383$—$0{,}00639'''$ waren von andern durch breitere Zwischenräume des Schleimhautgewebes von $0{,}01277$, $0{,}01916$—$0{,}0282'''$ geschieden. Die Ausmündungen der Drüsen wechselten ebenfalls, besassen aber doch wohl einen etwas geringeren Querdurchmesser. Das zwischen ihnen vorkommende Schleimhautgewebe, nicht minder variabel, zeigte wenigstens häufig eine Stärke von $0{,}00639$, $0{,}01020$—$0{,}01277'''$. An senkrechten Schnitten ergaben sich an dem injicirten Colonstück gedrängt stehende, an kleine Zotten erinnernde, von $0{,}025$—$0{,}035'''$ hohe Vorsprünge der freien Mucosenfläche.

Nur an ein Paar Stellen der gewöhnlich beschaffenen Colonmucosa gelang es noch, die Injectionsmasse in geringer Breite zur Oberfläche empor zu bringen. Die meisten derselben erwiesen sich als unbrauchbar; die Masse hatte nämlich den ganzen bindegewebigen Ring um die Drüsenmündung erfüllt. Es lag somit sicher hier ein Extravasat vor. An andern Stellen fanden sich dagegen in den grösseren bindegewebigen Interstitien um Drüsengruppen Bahnen von $0{,}00639$, $0{,}01020$—$0{,}01277'''$ Breite in der Axe der bindegewebigen Masse mit grösster Schönheit und Regelmässigkeit erfüllt, so dass ein an das Schaf erinnerndes Bild erschien. Die

Maschenweite dieses Netzes betrug 0,0375, 0,0625—0,0750''' bei der Flächenansicht der Mucosa. Seitenansichten lehrten blinde Endigungen einzelner dieser Injectionsströme an der Basis der kleinen, zottenartigen Vorsprünge erkennen, welche wenigstens 0,01277''' von der (ihres Epithels entblössten) Schleimhautoberfläche abgerundet aufhörten.

Wir glauben somit annehmen zu können, hier ein ähnliches Verhalten wie beim Schafe durch unsere Injectionsversuche gefunden zu haben. Auch einzelne senkrecht zwischen den Schlauchdrüsen absteigende Lymphcanäle liessen sich noch bemerken.

Gehen wir nun zu den solitäre Follikel beherbergenden, injicirten Colonstellen über. Hier — und zwar lagen dieselben stets am freien, der Mesenterialanheftung abgekehrten Rande des Darmstückes — erschien die Schleimhaut von viel bedeutenderer Dicke und über ansehnliche, oft einen Zoll und mehr messende Flächen von einem unregelmässig aufgewulsteten höckerigen Ansehn, so dass man unwillkürlich an einen *Peyer*'schen Drüsenhaufen erinnert wurde, obgleich die Begrenzung der ganzen verdickten Stelle eine viel unregelmässigere war, als es bei jenen Drüsenaggregationen der Fall zu sein pflegt. Mit dem unbewaffneten Auge bemerkte man eine Menge bald mehr entfernter, bald stark genäherter, runder Grübchen von etwa $\frac{1}{6}$ bis gegen $\frac{1}{2}$''' Querdurchmesser und ähnlicher Tiefe. Die mikroskopische Beobachtung lehrte die ganze aufgewulstete Stelle, ihre Höhen wie die Gruben von dicht gedrängt stehenden Schlauchdrüsen besetzt, die im Allgemeinen mit denjenigen des übrigen Colon übereinstimmten.

Erst unter ihnen zeigte sich die folliculäre Substanz. Rundliche oder unregelmässig gestaltete Follikel von $\frac{1}{6}$, $\frac{1}{4}$, $\frac{1}{3}$ bis gegen $\frac{1}{2}$''' Diameter standen bald einander stärker genähert, bald durch weite Abstände geschieden. In ersterem Falle floss gewöhnlich die folliculäre Masse mit benachbarter zusammen, so dass eine ausgebreitete Schicht folliculären Gewebes unter den blinden Enden der Schlauchdrüsen existirte. Von einzelnen Follikeln erstreckten sich breite und lange Züge des betreffenden Gewebes in die Submucosa. Nach oben existirte nirgends eine Trennung des Follikels, er setzte sich vielmehr als ein an Lymphzellen sehr reiches Gewebe in die Zwischenräume zwischen den Schlauchdrüsen fort. Umhüllungsräume oder lymphatische Sinus waren gewöhnlich um die ganze untere Hälfte des Follikels stark entwickelt zu erkennen. Ihre Weite fanden wir von 0,01, 0,025—0,035''' und mehr.

Wir haben also hier im Colon des Kalbes Stellen vor uns, welche in interessanter Weise eine Art Uebergangsbildung zu einem *Peyer*'schen Drüsenhaufen darstellten, obgleich noch in gar Manchem sehr abweichend von den zur Probe verglichenen *Peyer*'schen Plaques des Dünndarmes bei dem gleichen Thiere.

Durch die ansehnlichen Umhüllungsräume der Follikel war die Injection eine relativ sehr leichte geworden. Zahlreiche klappenführende, knotig erscheinende Lymphgefässe kamen an Seitenansichten zwischen den Bündeln der Darmmuskelhaut in das hier stark entwickelte mucöse Bindegewebe und stiegen senkrecht gegen die Unterfläche der Follikel oder zwischen denselben gegen die Basen von Schlauchdrüsen herauf. Die Querdurchmesser dieser aufsteigenden Lymphgefässe lagen zwischen 0,01 und 0,0225—0,05, ja 0,1'''. Reichliche, meist spitzwinklige Astbildungen und hierdurch gesetzte Verbindungen zwischen benachbarten Gefässen kamen vor. Die Menge dieser letzteren war an einzelnen Stellen eine ganz ausserordentliche. Ein Theil dieser Lymphgefässe verlor sich in die Umhüllungsräume der Follikel, andere, mit Verlust der specifischen Gefässwandungen, liefen durch zusammengeflossne Follikelsubstanz und zeigten auf Querschnitten netzartige Verbindungen relativ breiter Canäle mit unregelmässigen, aber kleinen Maschen. Andere erschienen, und zwar in reichlicher Menge, zwischen den Schlauchdrüsen den Weg zur Schleimhautoberfläche einschlagend. Ich maass eine Anzahl der letzteren. Ihre Dicken betrugen selten 0,01—0,015, viel häufiger 0,02, 0,025''' und mehr; ihre Abstände von einander ergeben 0,1—0,05''', mitunter noch weniger. Hier und da trat dieses aufsteigende Netzwerk der Schleimhaut mit weiten Röhren und reichlichen Querästen in einer Reichlichkeit auf, wie uns überhaupt wenig Lymphnetze vorgekommen sind. An solchen Stellen lief dann fast gegen jeden der kleinen zellenförmigen Schleimhautvorsprünge ein blindes Ende, mitunter stark ampullenartig erweitert. Auch Theilungen dieser gegen den Vorsprung strebenden, der Endigung entgegeneilenden Lymphcanäle kamen stellenweise reichlich vor, mitunter sogar häufige netzartige Verbindungen noch dicht unter den Basen der Zöttchen, Dinge, welche wir ganz ähnlich, nur in grösserer Gestaltung, für das Colon des Kaninchens früher erörtert haben. Meist nahm das blinde Ende des Lymphganges die Basis des zottenartigen Vorsprunges ein und blieb 0,025—0,02''' von der Zottenspitze entfernt. Andere drangen dagegen in das Zöttchen höher ein, so dass nur noch eine Schleimhautschicht von 0,01, ja zuweilen von 0,005''' Dicke über dem blinden Ende und an den Seiten des Endganges übrig bleiben konnte, Verhältnisse, welche wir für Darmzotten ganz ähnlich getroffen haben.

Die allmähliche Entstehung dieser Arbeit muss es entschuldigen, dass nur die zuerst aufgefundenen Verhältnisse im Colon des Kaninchens eine bildliche Illustration erfahren konnten, wenn anders die Publication nicht allzu sehr sich verspäten sollte.

Ueber unsere Injectionen des Dünndarms bei verschiedenen Säugern, sowie über die Einspritzungen der Lymphwege der *Peyer*'schen Drüsen hoffen wir nächstens berichten zu können.

Zürich, den 26. August 1862.

Ueber die Chylusgefässe der Dünndarmschleimhaut.

Mit Tafel I und II.

Es dürfte mancher sachkundige Leser bei dem Anblicke des Titels fragen: wozu eine abermalige Arbeit aus einem gerade in der letzten Zeit so vielfach durchmusterten und ausgebeutelem Gebiete? Allerdings vermögen wir hier nicht gänzlich neue Dinge mitzutheilen, und doch glauben wir nicht ohne alle Berechtigung diesen Aufsatz den Fachgenossen vorzulegen. Wie schon in einer früheren Untersuchung über die Lymphgefässe der Colonschleimhaut (s. dieselbe Zeitschrift Bd. XII, S. 336) bemerkt wurde, haben Lymphinjectionen den Verfasser während des Sommers 1862 vielfach beschäftigt und der Wunsch, dasjenige, was *Hyrtl* und *Teichmann* hier injicirt haben, ebenfalls einzuspritzen, verschaffte, ins Werk gesetzt, bei einiger Ausdauer zahlreiche Präparate, an welchen Altes und Bekanntes bestätigt, Neues geprüft und modificirt werden konnte. Ohnehin fehlen reichlichere naturgetreue Darstellungen der Chylusbahnen im Dünndarm der Säugethiere noch gar sehr, so dass wir es gewagt haben, neben die künstlerisch schönen der *Teichmann*'schen Monographie eigene dilettantenhafte Zeichnungsversuche hinzustellen, um so mehr, als unsere Injectionsmethode (mittelst transparenter kaltflüssiger Massen) und die Aufbewahrung feuchter Objecte in Glycerin denn doch manches besser erkennen lässt, als frühere Hülfsmittel es gestatteten. So theilen wir denn in Folgendem unsere allerdings lückenhaften Beobachtungen über die Lymphbahnen des Dünndarms mit, übergehen aber Alles, was sich auf diejenigen der *Peyer*'schen Drüsen bezieht, noch hier mit völligem Stillschweigen, da dieser Gegenstand einer besonderen, folgenden Bearbeitung überlassen bleibt.

Verfolgt man die Ansichten über die Structur der Dünndärme einige Decennien zurück, so sieht man namentlich das auffallendste ihrer Organe, die Darmzotte, mannichfachen Umänderungen der Anschauungen unterliegen. Mit dem Beginn dieses Jahrhunderts ungefähr verloren die

Zotten die Oeffnung der Spitze, welche älteren Physiologen zur Resorption des Speisebreies so unentbehrlich geschienen hatten. Von da an beginnen nun die einfachen blindgeschlossenen Chylusanfänge innerhalb jener sich mehr und mehr geltend zu machen, allerdings unter mannichfachen Widersprüchen von andern Seiten. So hat die netzartige Anordnung der Chylusgefässe seit längerer Zeit ihre Anhänger gefunden und die Injectionen der Gegenwart lehren, dass jede dieser beiden Ansichten ihre Berechtigung hat, keine aber in ihrer Ausschliesslichkeit richtig genannt werden kann.

Die Beobachtungen vitaler Contractilität der Darmzotten, zusammenfallend mit glatten Muskeln in denselben, die Erkennung eines eigenthümlichen Baues der sie bekleidenden Epithelialzellen waren wichtige Erweiterungen des Wissens.

In einem umsichtig gearbeiteten Aufsatze hat *Brücke*[1]) im Jahre 1854 den Darmzotten ein mit besonderer Membran versehenes Chylusgefäss ganz abgesprochen und dasselbe nur als wandungsloses, der Zottensubstanz eingegrabenen Canal erklärt. Als Bemühungen, diese Auffassung zu stützen und zu erweitern, sind die vor einiger Zeit gemachten Angaben *Heidenhain's*[2]) und die neuesten *Recklinghausen's*[3]) zu betrachten, wonach die Chylusmoleküle auf ihrem Wege zum Axencanal der Zotte die Höhlensysteme der dem Zottengewebe zukommenden Bindegewebskörperchen passiren sollten.

Auch die Wege des Chylus durch die eigentliche Schleimhaut hat der Wiener Physiologe genauer verfolgt und vieles, wie sich ergeben wird, trefflich erfasst.

Die umfassenden Arbeiten *Teichmann's*[4]) aus neuester Zeit sind wohl allgemein bekannt. Zum erstenmale erhalten wir genaue, auf die künstliche Injection der Chylusbahnen gestützte Angaben über die Säugethierdarmzotten. Sie bringen viel Richtiges, aber auch manches Irrthümliche. Die Injection allein, ohne Beachtung des Gewebes, kann hier nicht das letzte Wort reden, und die von diesem Forscher so geringschätzig behandelten Versuche früherer Beobachter, durch die Beobachtung der Chylusresorption sich eine Anschauung der betreffenden Bahnen zu verschaffen, haben in manchen Punkten Richtigeres zu Tage gefördert, als die künstliche Injection jenes Anatomen (dessen grosse Verdienste um die Kenntniss des Lymphsystemes wir im Uebrigen gern anerkennen).

Während *Teichmann* überall Lymphgefässe in der Schleimhaut des

---

1) *Brücke*, Ueber die Chylusgefässe und die Resorption des Chylus, in den Denkschriften der Wiener Akademie. Bd. 6. S. 406.
2) In *Moleschott's* Untersuchungen zur Naturlehre des Menschen. Bd. 4. S. 251.
3) *Recklinghausen*, Die Lymphgefässe und ihre Beziehung zum Bindegewebe. Berlin, 1862. S. 79 etc.
4) *Teichmann*, Das Saugadersystem vom anatomischen Standpunkte. Leipzig, 1861 (besonders S. 74—92.)

Dünndarms annimmt, ist kürzlich ein umsichtiger Beobachter, *His*[1]), statt ihrer zur Aufstellung im Bindegewebe verlaufender und nur vom Bindegewebe eingegrenzter Chylusräume oder »Schleimhautsinus«, wie er sie nennt, gelangt.

Auch das Gewebe der Schleimhaut selbst, sowie dasjenige der Darmzotten hat in neuerer Zeit mannichfache Durchmusterungen und Untersuchungen erfahren. Schon *Brücke*[2]) hat das lockere Gefüge letzterer vergeblich auf seine Textur geprüft; ebenso *Donders*[3]).

Genauer auf dasselbe ist namentlich *His* in der eben erwähnten Untersuchung eingetreten. Ausgehend von der richtigen (auch von Andern schon vorher beobachteten) Thatsache, dass sowohl das Balkennetzwerk des *Peyer*'schen Follikels, wie die in dessen Maschenräumen gelegenen Lymphkörperchen sich stellenweise continuirlich fortsetzen in das Schleimhaut- und Zottenbindegewebe, gelangt er einmal dahin, die letztere Zellenformation sowohl im Innern der Zotten, wie zwischen den *Lieberkühn*'schen Drüsen der Mucosa anzunehmen, — wo sie frühere Beobachter meistens als rundliche, granulirte, kernartige Körperchen beschrieben hatten —, als auch ferner das Schleimhaut- und Zottengewebe demjenigen »lymphoider« Follikel wesentlich gleich hinzustellen. So kommt er dazu, eine »adenoide« Substanz der Zotte und Mucosa als Grundmasse zu vindiciren, »welche die wesentlichen Eigenschaften der Lymphdrüsensubstanz besitzt und daher mit dieser in eine Reihe zu stellen ist.« Es besteht nämlich das fragliche Gewebe aus einem mehr oder minder dichten Netzwerk feiner Bindegewebsbalken oder verzweigter Zellen, die, an die Blutgefässe sich anschliessend, ein Gerüste bilden, in dessen Maschen lymphkörperchenartige Zellen eingelagert sind.[4])

Dieses »adenoide« Gewebe des Darms hat dann bereits, wie wir glauben etwas zu rasch, *Kölliker*[5]) als »cytogene Bindsubstanz« in die

---

1) *His*, Untersuchungen über den Bau der *Peyer*'schen Drüsen und der Dünndarmschleimhaut. Leipzig, 1862. (Separatabdruck aus der Zeitschrift für wissenschaftliche Zoologie. Bd. 11. Heft 4.)

2) a. a. O. S. 105.

3) S. dessen Physiologie des Menschen. *Theile*'sche Uebersetzung. 1. Aufl. Leipzig, 1856. S. 306.

4) a. a. O. S. 23. — *His* (S. 25) stellt sich die Frage: »wie gelangen die Körperchen des adenoiden Schleimhautgewebes bis in die Chylusbahnen?« denn er glaubt, dass die gesammte adenoide Substanz des Darmes, die der Follikel nicht minder als die des Zottenparenchyms und des interglandulären Gewebes die Stelle der Blutkörperchenbildung übernehmen kann, d. h. dass die Zellen, die in ihr liegen, nicht die Bestimmung haben, in ihr liegen zu bleiben, sondern zunächst in die Chyluswege und durch diese in die Gesammtcirculation zu gelangen. Am meisten scheint ihm (wenn gleich die Injectionsresultate damit nicht stimmen) die Meinung für sich zu haben, dass das den Chyluscanal begrenzende Bindegewebe nicht vollkommen schliesse, so dass bei Ausdehnungszuständen der Durchtritt möglich sei. Wir hoffen zu zeigen, wie trefflich diese Wand schliesst und dass die betreffenden Zellen normal gar nicht in die Circulation gelangen.

5) Handbuch der Gewebelehre. 4. Aufl. Leipzig, 1862. S. 70.

neue Auflage seiner Gewebelehre aufgenommen. Genauere Prüfung lehrt nämlich, dass es keineswegs immer die wesentlichen Eigenschaften der Lymphdrüsensubstanz besitzt. Einiges haben wir schon früher kurz mitgetheilt.[1] Hier mögen nun die genaueren Angaben folgen.

Die Methode, welcher wir uns bei der Untersuchung bedienten, war die zur Zeit übliche. Der frische Darm, bald mit, bald ohne vorherige Injection, wurde in Alkohol so lange erhärtet, bis er einem scharfen Rasirmesser feine Schnitte gestattete. Die in dieser Weise gewonnenen Objecte wurden dann bald in geringerem, bald in höherem Grade vorsichtig ausgepinselt. Als ein passendes Unterstützungsmittel wandten wir häufig die *Gerlach*'sche Carmintinction an. Als Zusatzflüssigkeit bedienten wir uns theils des reinen, theils des mit Wasser in beliebigem Grade versetzten Glycerins.

Gehen wir nun zur speciellen Erörterung der Ergebnisse über.

Der Dünndarm des Schafs empfiehlt sich zu derartigen Untersuchungen ganz besonders. Durchmustert man einen Horizontalschnitt durch die Randpartie eines *Peyer*'schen Drüsenhaufens, wie sie im unteren Theile des Ileum in Menge vorkommen, so sieht man das Trabekelgerüste des Follikels unter dem bekannten Bilde. Fasern von 0,00125—0,00083''' Dicke verbinden sich zu einem Netzwerke theils rundlicher, theils polygonaler, 0,0125 und 0,01—0,00625''' messender Maschen. In vielen der Knotenpunkte des Netzgerüstes lehrt namentlich die Carmintinction das Vorkommen eines kleinen rundlichen oder länglich runden Kernes. Erfüllt werden die Maschenräume des somit zelligen Netzgerüstes von einer Anzahl bald grösserer, bald kleinerer Lymphkörperchen, welche in nichts von den gleichen Gebilden anderer Organe abweichen.

Wie *His* in seiner Arbeit richtig bemerkt hat, treten von der Peripherie des Follikels in bald geringerer, bald grösserer Anzahl strangartige verbindende Brücken mitten durch den lymphatischen Umhüllungsraum jenes in das benachbarte, angrenzende Schleimhautgewebe herüber. In der Aequatorialzone des Follikels (um diesen Ausdruck hier anzuwenden) geht das Gewebe des einen Follikels oft in voller Breite in dasjenige eines andern benachbarten über. Zahlreiche querdurchschnittene *Lieberkühn*'sche Drüsen treten, in kreisförmiger Stellung den Follikel umziehend und ihn so bezeichnend, an solchen Stellen auf.

Wie verhält sich nun das Gerüste an beiderlei Localitäten?

Schon die erste Beobachtung lehrt, dass jenes die continuirliche Fortsetzung des Follikelgerüstes darstellt und namentlich in den zuletzt erwähnten verbindenden Schichten keinerlei Differenzen irgend erheblicher Natur erkennen lässt, wie Taf. I, Fig. 3 *b* zeigen kann. Denn dass die Maschen häufig schmäler als im Follikel selbst und überhaupt un-

---

[1] *A. Schärtl*, Einige Beobachtungen über den Bau der Dünndarmschleimhaut. Zürich, 1862. Diss.

regelmässiger erscheinen, ist bei der so weichen Beschaffenheit des Schleimhautgewebes ohne Belang. Schon etwas mehr modificirt zeigt sich das Gewebe in den strangartigen Brücken ersterer Art mit lang gezogenen Maschen und einer nicht mehr als netzartig durchbrochen zu erkennenden Oberfläche. Letzteres ist übrigens auch bei der die *Lieberkühn*'sche Drüse begrenzenden Randschicht unseres Gewebes der Fall.

Es kann somit schon hier das Gewebe nicht mehr als ein demjenigen des Follikels völlig identisches, sondern nur noch als ein jenem höchst ähnliches bezeichnet werden. Dagegen sieht man die Zelleninfiltration des letzteren in beiderlei angrenzende Stellen der Mucosa sich fortsetzen, sodass hierauf hin für das extrafollikuläre Schleimhautgewebe die Existenz der Lymphkörperchen nicht in Abrede zu stellen ist (Taf. I, Fig. 3 c).

Man könnte also soweit die Existenz eines »adenoiden« Schleimhautgewebes nach der Bezeichnung von *His* zugeben.

Indessen entfernt man sich etwas weiter von dem *Peyer*'schen Follikel, so sieht man, wie der histologische Charakter der Schleimhaut sich mehr und mehr verändert. Zwischen den Querschnitten hier befindlicher *Lieberkühn*'scher Drüsen werden die Balkennetze mehr und mehr unregelmässig (Taf. I, Fig. 4), unbestimmter, einzelne Bindegewebsfibrillen treten unverzweigt verlaufend auf kürzere Strecken aus der Masse hervor oder man begegnet einer mehr unbestimmten, nicht mehr durchaus faserig erscheinenden Substanz. Fig. 5 unserer ersten Tafel stellt eine häufige Erscheinungsform des Schleimhautbindegewebes bei *a* und *b* dar. In dem weichen lockeren Gewebe jedoch werden auch hier die Interstitien von Lymphzellen in bald geringerer, bald grösserer Menge erfüllt (*d*).

Gewisse Stellen sind für die wechselnde Natur unseres Schleimhautgewebes besonders bezeichnend. Um die (im Diameter $0{,}01917$, $0{,}02554 - 0{,}03195'''$ betragenden) *Lieberkühn*'schen Drüsen herum erscheint das letztere, wie schon bemerkt, zu mehr homogener membranöser Schicht verdichtet (Taf. I, Fig. 5*e*). Concentrisch um den Drüsenquerschnitt pflegen einzelne schmälere ($0{,}00071 - 0{,}00107'''$ in der Dicke und $0{,}005 - 0{,}00667'''$ in der Länge messende) Kerne vorzukommen, wie sie dem Trabekelgerüste des Follikels nicht angehörig sind (Taf. I, Fig. 3*c*, auch Fig. 4*b*).

Stellenweise, namentlich gegen die Oberfläche stärkerer Blutgefässe hin, gewinnt unser Schleimhautgewebe wiederum ein verändertes Ansehen. Man bemerkt hier deutlich einen fibrillären Bau, die wellenförmigen Faserbündel eines gewöhnlichen Bindegewebes. Gruppen *Lieberkühn*'scher Schläuche werden ganz gewöhnlich im Ileum des Schafes durch breitere Brücken des Schleimhautgewebes von benachbarten Ansammlungen geschieden (Taf. I, Fig. 2*b*). In dem trennenden Gewebe (*a*) begegnet uns der nämliche fibrilläre Charakter; ebenso um die deutlich zu erkennenden, die Schleimhaut durchziehenden Chyluswege (*c*), deren

Wandung im Uebrigen nur von der membranartig verdichteten Grenzschicht des Bindegewebes hergestellt wird, ganz in der gleichen Weise, wie wir es in einer früheren Arbeit[1]) für die Lymphwege des Colon angegeben haben.

Die eben geschilderten Texturverhältnisse sind für die Natur des Bindegewebes überhaupt nicht ohne Interesse. Sie zeigen räumlich neben einander in geringen Entfernungen die eine Varietät des Bindegewebes in eine zweite und dritte übergehend, Dinge, welche die pathologische Gewebelehre zeitlich nach einander bekanntlich dargethan hat.

Indessen ist man nach dem Angeführten noch berechtigt, die Dünndarmmucosa ein adenoides Gewebe zu nennen? Wir glauben die Frage verneinen zu müssen, wenn wir uns der Textur des *Peyer*'schen Follikels, des Milzkörperchens und der Lymphdrüsenalveole erinnern. Das Gewebe der Schleimhaut ist unverkennbar ein ähnliches, aber nicht mehr dasselbe. Nur im *Peyer*'schen Follikel und höchstens noch dessen allernächster Umgebung erscheint es für uns als ein solches; etwas entfernter davon kann es allein noch als ein nahe verwandtes bezeichnet werden. Wie es im Dickdarm sich weiter modificirt und im Magen in ganz gewöhnliches Bindegewebe auslaufend sich gestaltet, ist bereits in dem vorhin erwähnten Aufsatze angegeben worden.

Was die Darmzotten des Schafs betrifft, so überzeugt man sich an passenden Vertical- oder Schiefschnitten leicht von dem continuirlichen Uebergang ihres Gewebes in die zwischen den *Lieberkühn*'schen Drüsen gelegene Substanz. Nach demjenigen, was wir gesehen, trägt auch das Zottengewebe denselben unbestimmt und unregelmässig netzartigen Charakter mit homogener, membranöser Verdichtung nach aussen, sowie nach innen gegen die bald einfachen, bald complicirten Chyluswege hin. So deutlich netzartig, wie *His* die Darmzotte eines Kalbes (a. a. O. Taf. I, Fig. 4) zeichnet, wollte uns das Zottengewebe nirgends erscheinen. Die Menge der in der Darmzotte eingebetteten Lymphkörperchen ist im Uebrigen für das Schaf, wie die Säugethiere überhaupt, eine recht beträchtliche zu nennen. — Ueber die Muskelzellen und das Epithel der Darmzotte können wir hier mit Stillschweigen weggehen; dagegen fügen wir noch ein paar Worte über Stellung und gröberen Bau der ganzen Gebilde hinzu. In den von uns benutzten unteren Partieen des Ileum waren die Zotten mit ihren verbreiterten Basen überall netzförmig zusammengeflossen und grenzten so rundliche oder stumpf polyedrische Räume von $\frac{1}{7}$—$\frac{1}{10}$ und $\frac{1}{13}''$ Durchmesser ein. In den so gebildeten Gruben mündeten dann die Gruppen der *Lieberkühn*'schen Drüsen, deren wir schon oben bei dem tieferen Horizontalschnitt gedacht haben, aus. Die aus der Netzfalte sich erhebenden freien Darmzotten waren mehr oder weniger abgeplattet, von bald geringerem, bald grösserem Quermesser. Ihre

---

[1]) S. diese Zeitschrift Bd. XII, S. 343.

Höhen fanden wir an in Weingeist erhärteten und also geschrumpften Exemplaren von $1/9$—$1/5'''$ im Mittel variirend.[1])

Die von uns zur Beobachtung benutzten Schafdärme waren vorher nach der *Hyrtl-Teichmann*'schen Methode mittelst kaltflüssiger Massen injicirt worden. Wenn nun auch die ersten dieser Einspritzungen nicht brillant ausfielen, so dass wir auf ausführlichere bildliche Darstellungen verzichtet haben, so genügten sie doch, die Chyluswege genau zu erkennen; später haben wir dann treffliche Injectionen erhalten.

Für die Darmzotten des betreffenden Thieres gelangten wir im Allgemeinen zu ähnlichen Resultaten, wie sie *Teichmann* in viel ausreichenderer Weise geschildert und mit mehreren schönen Zeichnungen illustrirt hat. Bald findet sich nur eine einfache, die Axe der Zotte durchziehende Chylusbahn bis 0,02 und 0,025''' Stärke (Taf. I, Fig. 1c); häufiger kommen zwei (a) oder mehrere (b) verschieden starke Längsstämme vor, welche nach oben im Spitzentheil der Zotte schleifenartig in einander übergehen und in ihrem Verlaufe nach abwärts durch quere Bahnen netzartig communiciren. Die Darmzotten des Schafes gewinnen hierdurch ein eigenthümlich complicirtes, bei andern Säugethieren nur ausnahmsweise auftretendes Ansehen. Schon die wenigen Zeichnungen unserer ersten Figur können hiervon eine Vorstellung gewähren und weitere bildliche Darstellungen findet der Leser bei *Teichmann*.

Unter den Basen der Darmzotten entsteht durch die Verbindung der ausgetretenen Chyluscanäle um Gruppen *Lieberkühn*'scher Drüsen herum ein horizontal ausgebreitetes Netz ziemlich weiter Chyluswege. Von diesem treten ebenfalls starke Bahnen mehr oder weniger senkrecht nach unten gegen die Grenze von Schleimhaut und Submucosa hin, um in das hier befindliche höchst dichte Netzwerk sehr weiter Chylusgefässe sich einzusenken. Ueber diesen Theil dürfen wir einfach auf die *Teichmann*'schen Angaben verweisen, denen wir nichts Neues hinzuzufügen haben. Höchst merkwürdig erscheint bei dieser colossalen Entwickelung des horizontalen Netzwerkes der obere an die Schleimhaut angrenzende Theil der Submucosa. Es ist eben nichts anderes als eine Ausbreitung in gedrängtester Stellung stehender und nur durch schmale Septen von Bindegewebe getrennter Chylusgefässe.

Sehen wir uns nun noch an Horizontalschnitten das oberflächliche, unter den Zottenbasen gelegene Netz der Chyluswege etwas genauer an. Dieselben, 0,005, 0,015—0,02 und 0,025'' weit, bilden ein Netzwerk rundlicher oder eckiger Maschen (Taf. I, Fig. 2c). Die eingegrenzten Felder messen ziemlich wechselnd 0,1—0,05'' und friedigen eine bald geringere, bald grössere Zahl von Drüsenmündungen (3—6 im Mittel) ein. Keinerlei Untersuchungsmethode lässt an diesen Chylusbahnen, ebenso-

---

[1] Man vergl. auch *Teichmann* a. a. O. S. 80.

wenig als eine Epithelialbekleidung[1]), eine specifische Gefässwand entdecken, wie sie den im submucösen Gewebe gelegenen Lymphgefässen zukommt. Der Strom ist somit, wie schon bemerkt, nur durch das membranös verdichtete Bindegewebe der Nachbarschaft eingegrenzt. Diese Eingrenzung ist indessen eine so vollkommene, dass sie physiologisch dasselbe leistet, wie die specifische, vitaler Contractilität entbehrende Wand eines Blutcapillargefässes. Demnach (und alles, was wir an Chylusbahnen bei Säugethieren bisher injicirt haben, gab ausnahmelos das gleiche Resultat) dringt auch von den feinkörnigsten Injectionsmassen, wie dem *Beale*'schen Blau und Carmin, kein Korn in das angrenzende Schleimhautgewebe ein. Indem diese feinsten Moleküle der eingespritzten Gemische somit die Wandschicht der Bahn nicht zu durchdringen vermögen, wird mit Nothwendigkeit für die den Farbemolekülen gegenüber riesengrossen Lymphkörperchen dasselbe sich ergeben; sie werden nicht im Stande sein, unter normalen Verhältnissen in Chylusbahnen zu gelangen, vielmehr als von letzteren durchaus geschieden betrachtet werden müssen. — Ueber die Fettresorption im Dünndarm des Schafes besitzen wir keine eigenen Erfahrungen; auch *Brücke* hat uns nichts in seiner Arbeit darüber berichtet.

Nach diesen Angaben über die Dünndarmschleimhaut des Schafes wenden wir uns zu derjenigen des Kalbes, wo wir eine reichliche Anzahl vollständig gelungener Lymphinjectionen zur Disposition hatten. Fig. 6—11 der ersten Tafel werden einen Theil der hier zu erörternden Verhältnisse dem Leser versinnlichen können.

Vergleicht man das Ileum des Kalbes (in Zürich werden stets ältere Thiere als in Deutschland geschlachtet) mit demjenigen des Schafes, so fällt zunächst die ansehnlichere Dicke der Mucosa auf. Diese misst ohne die Zotten etwa $1/5'''$. (Vergl. Taf. I, Fig. 6*b* und Fig. 7*b*.)

Noch beträchtlicher ist die Verschiedenheit im Bau und der Stellung der Zotten. Dieselben stehen dicht gedrängt, eine neben der anderen (Taf. I, Fig. 6 und 7 *a, a*) und zeichnen sich durch viel längere, schlankere und zwar im Allgemeinen cylindrische Gestalten aus. Exemplare von $1/3'''$ Länge bilden vielleicht das gewöhnlichste Vorkommniss. Andere erreichen noch ansehnlichere Dimensionen bis zu $1/2'''$ und mehr. Hier und da erlangt einmal mitten unter einem Walde gewöhnlich langer Zotten eine einzige eine ganz colossale Grösse. So besitze ich ein Injectionspräparat mit einer Darmzotte, die bei einer Länge von fast $2/3'''$ thurmartig die Spitzen der ganzen Gesellschaft überragt. Nach unten pflegen die Zotten des Kalbes mehr oder weniger mit rundlichem oder länglich

---

[1]) Die Angaben *Recklinghausen*'s (a. a. O.), welcher allen Lymphwegen ein Epithelium vindicirt, müssen verdächtig erscheinen. Keinerlei Untersuchung zeigte uns für Dünn- und Dickdarm etwas derartiges. An Präparaten, wo alle Epithelien der Darmschleimhaut (d. h. die der *Lieberkühn*'schen Drüsen und Blutgefässe) durch roth gefärbte Kerne heraustraten, blieb die Chylusbahn von Zellenbekleidung stets frei.

rundem Querschnitte (Taf. I, Fig. 9 a, b) in das Schleimhautgewebe überzugehen, obgleich man auch andern Formen begegnet.

Die Schleimhaut zeigt in gedrängtester Stellung die schlanken, gerade verlaufenden *Lieberkühn*'schen Drüsen (Taf. I, Fig. 7 b), an denen es uns hier im Uebrigen eben so wenig als an andern Dünndärmen hat gelingen wollen, eine besondere, vom Schleimhautgewebe verschiedene Membrana propria zu erkennen. Die Länge jener fanden wir 0,1625—0,175'''. Die unter ihnen befindliche Muscularis mucosae hat eine mittlere Dicke von 0,0175'''.

Das Bild dagegen, welches die Schleimhaut des Kälberdarms auf Horizontalschnitten gewährt, fällt demjenigen des Schafes sehr ähnlich aus. Von den *Peyer*'schen Drüsen ausgehend, erkennt man auch hier unter günstigen Umständen in nächster Umgebung das gleiche netzförmige Gewebe, welches wir für das Schaf oben geschildert und auf Taf. I, Fig. 3 abgebildet haben. Auch hier erscheint von diesen Stellen an der Reichthum lymphatischer Zellen im Schleimhautgewebe als ein sehr beträchtlicher, so dass die Interstitien zwischen den *Lieberkühn*'schen Drüsen von jener Zellenformation oft ganz dicht erfüllt getroffen werden (Taf. I, Fig. 10. 11 a, a).

Während nun an günstigen Pinselpräparaten das netzförmige Ansehen der Gerüstesubstanz in unmittelbarer Nachbarschaft der Follikel auf das Schönste und Schärfste hervortritt, ändert sich dann abermals bald, oft in geringer Entfernung, nach der für das Schaf angegebenen Weise die Scene. Das Schleimhautgewebe wird ein anderes, weniger netzförmiges und mehr fibrilläres; die Lymphzellen können dann minder reichlich über einzelne Strecken verbreitet sein. Stellenweise — und mitunter auffallend genug gerade in nächster Nachbarschaft des den *Peyer*'schen Follikel umziehenden lymphatischen Umhüllungsraumes — tritt die fibrilläre Form des Schleimhautbindegewebes so auffallend hervor, dass feste dicke Faserbündel die Querschnitte hier gelegener *Lieberkühn*'scher Drüsen trennen und Lymphzellen an derartigen Localitäten ganz fehlen können. Es ergeben sich so — und die Beobachtung ist nicht ohne Interesse für die Natur der verschiedenen Bindegewebeformen — auf kleinem Flächenraume neben einander drei Varietäten des betreffenden Gewebes die »adenoide«, die fibrilläre und eine beide Extreme verbindende Mittelform.

Beobachtet man einen tieferen Stellen der Schleimhaut entnommenen Horizontalschnitt, so ist die Gruppirung der *Lieberkühn*'schen Drüsen eine ähnliche, wie beim Schafe.

Die Durchschnitte derselben (Taf. I, Fig. 11 b), 0,01532, 0,01796—0,02040''' und mehr messend, werden durch bindegewebige Brücken von 0,00255 und 0,00383—0,00639 und 0,00766''' Breite geschieden. Um eine bald geringere, bald grössere Zahl der letzteren treten stärkere bindegewebige Einfriedigungen auf und im Innern derselben, bald vollständigere Ringe, bald unvollkommene bogenartige Züge bildend, bemerkt man die 0,00510 und 0,00639—0,00898''' weiten Chylusbahnen (c). Die Grösse der von ihnen eingegrenzten Felder mag im Mittel 0,05109—0,07663''' betragen. Noch tiefere, der Muscularis mucosae ganz nahe gelegte Horizontalschnitte ändern wenig in dem Bilde der Drüsen und des sie beherbergenden Schleimhautbindegewebes. Letzteres bleibt lymphzellenführend, wie in den oberflächlichsten Lagen. An guten Verticalschnitten bemerkt man dem entsprechend auch die Lymphkörperchen den blindsackigen Endtheil der *Lieberkühn*'schen Drüsen umziehend (Fig. 7) Die Gestalt der Chylusbahnen ist aber eine andere geworden, was sich am besten aus der folgenden Beschreibung injicirter Objecte ergeben dürfte.

Nach aufwärts, d. h. gegen die Zottenbasis hin, geführte Horizontalschnitte der Schleimhaut zeigen die *Lieberkühn*'schen Drüsenöffnungen durch ähnliche, oft aber unregelmässigere und nicht selten breitere Interstitien eines an Lymphkörperchen recht reichen Bindegewebes getrennt (Taf. I, Fig. 10). Es fehlen aber die bogen- oder ringartig laufenden Chyluswege und statt jener Formen begegnet man ihnen in Form getrennter rundlicher oder länglicher Oeffnungen (d, d). Höchst instructive Bilder ergeben die bei solchen Präparaten häufig vorkommenden Querschnitte von Grundtheilen der Darmzotten (c, c). Man sieht von einem solchen Querschnitt in eigenthümlicher Art mehr radienartig Bindegewebezüge zwischen Drüsenöffnungen abgehen, wie unsere Zeichnung leicht versinnlichen dürfte, und im Innern der quergetroffenen Zotte erscheint als ein ansehnlich weiter, bis zu 0,03832 und 0,05109''' messender Raum, bald in mehr rundlichem, bald in mehr stumpfeckigem Ansehen der Chyluscanal der Zotte. Taf. I, Fig. 10 zeigt links und unten bei c den Querschnitt einer Darmzotte, wo neben einem grösseren Chylusgang noch ein zweiter viel engerer als seltene Ausnahme erscheint. Auch beim Kalbe behält das Darmzottengerüst den grossen Reichthum an Lymphzellen und erscheint an gut ausgepinselten Objecten unter einem ganz ähnlichen Ansehen, wie wir es oben für das Schaf geschildert haben (vergl. Taf. I, Fig. 10 c; auch Fig. 9).

Gehen wir jetzt über zur Schilderung der Chylusbahnen in der Dünndarmschleimhaut des uns beschäftigenden Thieres.

Injectionen sind uns beim Kalbe verhältnissmässig leicht und wenigstens an zwanzig verschiedenen Stellen geglückt. Am leichtesten erfüllen sich die *Peyer*'schen Drüsenhaufen und die über und unmittelbar neben diesen stehenden Darmzotten. Letztere sind aber an solchen Localitäten nicht allein beim Kalbe, sondern auch bei anderen Säugethieren, keinesweges immer in dem einfachen typischen Ansehen des übrigen Dünndarms, sondern häufig auch in complicirteren Gestalten erscheinend. Wir werden desshalb hier wie in der ganzen Arbeit von solchen umgewandelten Darmzotten mit verwickelteren Chylusbahnen absehen, um so mehr, als eine andere Untersuchung, welche die Lymphbahnen der *Peyer'*schen Drüsen behandelt, unmittelbar diesem Aufsatze nachfolgt.

Aber auch für die gewöhnlichen Stellen der Schleimhaut des Ileum gelingt die Einspritzung bei einiger Ausdauer mittelst kaltflüssiger Massen sehr schön; meistens allerdings nur für kleinere, einen oder ein paar Quadratcentimeter betragende Flächen, dann aber so vollständig, dass kaum eine Zotte unerfüllt bliebe.

Taf. I, Fig. 6 stellt einen möglichst getreu gezeichneten Verticalschnitt einer solchen Localität bei schwacher Vergrösserung dar.

Erinnert man sich des beim Schafe Beobachteten, so fällt vor allen Dingen die grosse Regelmässigkeit und Einförmigkeit der Chylusbahn in der Darmzotte auf (a). Das schlanke cylindrische Gebilde beherbergt einen ganz ähnlich geformten, im Verhältnisse zur Zotte weit zu nennenden Chyluscanal. Seine Breite beträgt im Mittel 0,01277—0,03194''', so dass die ihn deckende Lage von Zottengewebe eine mittlere Mächtigkeit von 0,00383—0,01020''' besitzt. Nach oben gegen das blinde Ende der Darmzotten zu fand ich viele Chyluscanäle beim Kalbe nicht ampullenartig erweitert, sondern im Gegentheil etwas verengt. Es können dieses mehrere Darmzotten der Taf. I, Fig. 6, ebenso die der Fig. 8 a, b versinnlichen. Andere bleiben bis zu ihrem Fundus ähnlich geräumig, wie Taf. I, Fig. 7 zeigt. Das blinde Ende des Chyluscanales ragt im Uebrigen hoch in die Zottenspitze und zwar fast regelmässig hinauf.

Nach abwärts zu gestaltet sich der Quermesser jenes (möglicherweise durch die Einfüllungsgrade bestimmt), in dreifacher Art. Er kann gleich weit bleiben (wie z. B. die meisten Zotten der Taf. I, Fig. 7 erscheinen); es kann sich gegen die Basis der Darmzotte hin die Chylusbahn erweitern (Taf. I, Fig. 8 a, b, c); es kann endlich eine Verengerung, bald in geringerem, bald in höherem Grade hier erscheinen (Taf. I, Fig. 6 an mehreren Stellen).

Teichmann (a. a. O. S. 80) berichtet uns, dass beim Kalbe die Mehrzahl der Zotten ein oder zwei Gefässe, weniger häufig eine grössere Anzahl derselben enthalte. Ich muss nach demjenigen, was ich selbst gesehen habe, für die von mir injicirten Localitäten das Vorkommen eines einzigen Chyluscanales als die herrschende Regel bezeichnen. Zwei Chyluscanäle in einer Zotte sind mir nur als höchst seltene Ausnahmen ein paar Mal zur Ansicht gekommen. Eine noch grössere Zahl habe ich am Kalbsdarme nicht gesehen. Auch *Teichmann* selbst (Taf. XIII, Fig. 1 seines Werkes) führt in grossem Ueberschusse eincanälige Darmzotten bildlich vor. Dagegen können wir das von jenem Forscher beobachtete Vorkommen gablig getheilter Darmzotten mit dem gleichen Verhalten des Chyluscanales bestätigen (Taf. I, Fig. 8 d).

An der Schleimhautfläche angekommen steigen die Chyluscanäle des Kalbes durch diese in mehr oder weniger senkrechtem Verlaufe und nach demjenigen, was wir gesehen haben, wenigstens sehr häufig in verfeinerter Gestalt zwischen den *Lieberkühn*'schen Drüsen nach abwärts. (Taf. I, Fig. 7 *c*, *c*, Fig. 6*b*.) Ein Zusammenstossen je zweier Zottencanäle zu einem einzigen abführenden Canale kommt entschieden beim Kalbe hier und da vor, ist aber nicht die Regel.

In nicht allzugrosser Tiefe unter der freien Schleimhautfläche kommt es unter Bildung von Quergängen zur Herstellung des oberflächlichen Horizontalnetzes. Man vergl. Taf. I, Fig. 6, wo bei *c* dieses Netzwerk in mässiger Füllung möglichst naturgetreu gezeichnet ist, und Taf. I, Fig. 7 *d*, wo die Anfüllung eine stärkere war. Es versteht sich von selbst, dass ein aus dieser Höhe entnommener Querschnitt das Bild von Taf. I, Fig. 11 ergeben wird.

Unter diesem oberflächlichen Netze begegnet man wieder vereinzelten, mehr oder weniger nach abwärts zur Muscularis mucosae laufenden Chylusgängen (Taf. I, Fig. 7 *e*, *e*) mit im Allgemeinen nur sparsamen horizontalen Anastomosen, sodass ein aus dieser Ebene gewonnener Flachschnitt der Schleimhaut rundliche oder unbestimmt gestaltete getrennte Querschnitte darzubieten pflegt.

Gegen die Grenze der Schleimhaut hin können solche quer oder schief übergehende Anastomosen wieder häufiger erscheinen. Stellenweise haben wir sie aber auch beinahe gänzlich vermisst. Es scheint uns desshalb zu weit gegangen, wenn man für gewöhnliche Dünndarmstellen des Kalbes neben dem oberen noch ein unteres Horizontalnetz der Schleimhaut annehmen wollte.

Endlich nach Durchsetzung der Muskellage der Schleimhaut gelangen die Chyluscanäle in die Submucosa (Taf. I, Fig. 7 *f*), um hier das bekannte horizontale Netzwerk klappenführender, verhältnissmässig enger Gefässe herzustellen, über welches schon *Teichmann* das Nöthige berichtet hat.

In der ganzen eigentlichen Schleimhaut dagegen behauptet auch beim Kalbe der Chylusapparat den Charakter eines specifischer Wandungen entbehrenden Canalwerkes, an welchem wir von einer Epithelialbekleidung keine Spur zur Anschauung zu bringen vermochten. Aber wie beim Schafe, so schliesst auch beim Kalbe die membranartig verdichtete bindegewebige Wandung vortrefflich. Kein Molekül der Farbenmassen dringt selbst bei hochgradigen künstlichen Anfüllungen in das benachbarte Gewebe über, weder innerhalb der Darmzotte, noch in der Schleimhaut selbst, — d. h. so lange es nicht zu einer Zerreissung kommt. Dann aber infiltrirt sich das ganze Gewebe über kleinere oder grössere Strecken, bisweilen so, dass z. B. um jede *Lieberkühn*'sche Drüsenmündung herum das ganze Bindegewebsstroma gleichmässig von der Injectionsmasse erfüllt ist. Der Charakter dieser Erfüllung ist aber für ein kundiges Auge ein ganz anderer, ein unregelmässiger, unschöner, gegenüber der zierlichen Regelmässigkeit glücklich injicirter Chylusbahnen. Dass sich von dem Axencanale der Darmzotte aus in keinerlei Weise ein Höhlensystem von Bindegewebskörperchen hat erfüllen lassen, bedürfte kaum der Erwähnung.

Die bedeutende Comprimirbarkeit des Zottengewebes in Folge hochgradiger Injection deutet auf einen sehr weichen schwammigen Charakter desselben, der nur in der äusseren abgrenzenden Fläche des Organs und nach einwärts gegen den Chylusbehälter einer festen membranösen Beschaffenheit Platz macht.

Unter Umständen nun gelingt es einmal, eine Darmzotte von aussen her bis auf den Chylusbehälter hin einzureissen und die membranöse Wandschicht desselben bleibt erhalten. Das Bild einer besonderen Gefässwandung ist dann auf das Täuschendste vorhanden. So erklärt sich eine Angabe, welche wir in einem früheren Werke [1]) mitgetheilt haben.

Fettresorptionen haben wir bis zur Stunde keine für das Kalb beobachten können.

Gehen wir nun über zu den Nagethieren, so stehen uns hier für das Kaninchen eine beträchtliche Anzahl vollständig gelungener Injectionen sowohl der Chylus- als der Blutbahnen des Ileum zur Disposition, welche zum Theil in zierlicher Schönheit den besten Präparaten der Gegenwart gleich zu setzen sind. Die zweite Tafel unserer Zeichnungen stellt die betreffenden Objecte dar. Und in der That, hat man nur einmal glücklich ein Röhrchen in das submucöse Bindegewebe der dünnen Darmwand eingeführt, so ist bei einiger Vorsicht die Erfüllung der hier recht weiten Chylusbahnen kein grosses Kunststück.

Beim Kaninchen wird der Dünndarm in gedrängter Stellung von ziemlich kleinen, im Mittel $0,26667-0,4'''$ messenden Darmzotten ausgekleidet. Ein der Längsaxe des Darmrohres paralleler Verticalschnitt zeigt uns dieselben dünn, schlank, etwa mit einem Quermesser von $0,02667-0,06667'''$ (Taf. II, Fig. 6 a, b; Fig. 5 d). Man könnte darauf hin die Kaninchenzotte ähnlich derjenigen des Kalbes als cylindrisch geformt annehmen; allein mit Unrecht. Ein die Längsaxe des Darmrohrs rechtwinklig kreuzender Längsschnitt zeigt uns nämlich die Darmzotte nach der Basis sich stark verbreiternd bis zu $0,08$ und $0,13333'''$, also von dreieckiger Gestalt (Taf. II, Fig. 2 a, b; Fig. 3 a, b; Fig. 4 a, b; Fig. 5 a, b, c). Es ergiebt sich hieraus eine abgeflachte blattartige Form der Darmzotte beim Kaninchen, und schon *Brücke* a. a. O. hat Fig. 7 seiner Zeichnungen eine gute Darstellung solcher Zottengestalten vom Wiesel geliefert. Ist die Erfüllung des Chyluscanales geglückt, so bläht sich der obere, Spitzen-Theil der Zotte mehr oder weniger stark cylindrisch auf, während der untere, Basal-Theil des Gebildes die alte blattförmige Beschaffenheit mehr oder weniger unverändert einzuhalten pflegt. Taf. II, Fig. 9 stellt bei a und b Querschnitte der oberen, bei c, d und e der unteren Partieen der Darmzotten dar.

[1]) Histologie und Histochemie des Menschen. S. 431.

Kehrt man zu Verticalschnitten der ganzen Darmschleimhaut zurück, so erscheinen in den Zwischenräumen zwischen den Darmzotten die Mündungen der *Lieberkühn*'schen Drüsen (Taf. II, Fig. 8 c, c). Dieselben besitzen eine Länge von $0,0740-0,10'''$, erscheinen also bei der Dünne der Schleimhaut kürzer als beim Kalbe und besitzen einen Quermesser von $0,0115$ und $0,01277-0,01532$ und $0,01917'''$. Die Muscularis mucosae zeigt eine Mächtigkeit von $0,00510-0,00766'''$.

Wenden wir uns nun zu Horizontalschnitten der Schleimhaut, so wiederholt sich auch hier das gewöhnliche Bild der Säugethiere in höchst ähnlicher Weise. In den $0,00255-0,00510'''$ messenden Interstitien zwischen den Drüsenquerschnitten und noch deutlicher in den weiteren Knotenpunkten ersterer treten uns in bedeutendem Reichthume die Lymphzellen abermals entgegen (deren continuirlichen Uebergang in die Zellen *Peyer*'scher Follikel wir auch für das uns beschäftigende Thier oftmals beobachten konnten). Die Schleimhaut wiederholt hier ebenfalls in den Zwischenräumen das mehr netzartige oder unbestimmte, um die Drüsen und Chylusbahnen herum das mehr faserige und homogene Ansehen; Dinge, über welche wir uns hier rascher wegbewegen dürfen, um so mehr, als wir in einer früheren Arbeit in dieser Zeitschrift (Bd. XII, Taf. XXXI, Fig. 6) eine genaue Abbildung bei starker Vergrösserung gegeben haben und auch Taf. II, Fig. 10 dieses Aufsatzes verglichen werden kann. Auch in dem Darmzottengewebe erhält sich die gewöhnliche Textur des Säugethieres und wie beim Kalbe umgeben Züge von Lymphkörperchen das untere blinde Ende der *Lieberkühn*'schen Drüsen.

Die Anordnung der Blutgefässe haben wir schon vor längerer Zeit in Gemeinschaft mit *F. Ernst*[1]) verfolgt. In seiner Inauguraldissertation berichtet derselbe darüber des Ausführlichen. Hier heben wir nur die Hauptpunkte hervor.

In der Submucosa angekommen bilden die Venen horizontale Netze ziemlich weiter, $0,02667-0,04'''$ und mehr starker Gefässe (»Basalvenen«) (vergl. Taf. II, Fig. 11 b), welche dann weiter zerfallende und allmählich in schwach ansteigendem Verlaufe in die Schleimhaut selbst eindringende Astsysteme liefern (b, b), deren Endzweige nun die verticale Richtung annehmen und zu dem ausführenden venösen Stämmchen der Darmzotten sich gestalten (Taf. II, Fig. 8 f), welches letztere bis $0,00510'''$ Dicke erreichen kann.[2])

Etwas mannichfaltiger gestaltet sich der Verlauf der horizontalen, das submucöse Gewebe durchlaufenden Arterienzweige, obgleich die

---

[1]) F. *Ernst*, Ueber die Anordnung der Blutgefässe in den Darmhäuten. Zürich, 1854. Diss. c. Tab.

[2]) Wir bemerken hier, dass die kaltflüssigen Injectionsmassen auch bei vollständigster Füllung geringere Quermesser des ganzen Gefässbezirkes, als die früheren grobkörnigeren (Zinnober, Chromgelb und Bleiweiss mit Leim) ergaben.

den Venen parallele Anordnung an vielen Stellen ganz unverkennbar ist (Taf. II, Fig. 11 a). Der Quermesser dieser Schlagaderästchen ist aber stets ein viel geringerer, als derjenige der entsprechenden Venen und kaum die Hälfte oder ein Drittheil des letzteren betragend.

In dem weiteren Geschick der arteriellen Endverästelungen lassen sich zwei (freilich ineinander übergehende) Varietäten erkennen. In dem einen Falle (Taf. II, Fig. 8 e) löst sich der Arterienzweig schon unten an der Mucosa in Haargefässe von 0,00191—0,00255''' auf, welche um die *Lieberkühn*'schen Drüsen ein unvollständiges Netzwerk länglicher Maschen (demjenigen der Schleimhaut des Magens und Colon ähnlich) herstellen. Aus einem oder mehreren treten dann einfach oder doppelt Vasa afferentia für die Darmzotten mit einem Quermesser von circa 0,00319''' ab. In anderen Fällen entspringt von den horizontal laufenden Arteriennetzen sogleich für je eine Zotte ein Vas afferens, welches wir höchstens bis zu 0,00383''' Quermesser an neuen Injectionspräparaten finden. Dasselbe kann fast unverzweigt bis zur Darmzotte bleiben oder auch einige seitliche Zweige zur Versorgung der *Lieberkühn*'schen Drüsen abgeben.

In den Darmzotten selbst bilden die im Mittel 0,00255''' weiten Grenzgefässe das viel beschriebene und desshalb hier nicht weiter zu schildernde gestreckte Maschennetz (Taf. II, Fig. 8 a; Fig. 7 b).

Injicirt man die Chylusbahnen, so trifft man ein feines spärliches Netzwerk enger klappenführender subseröser Lymphgefässe, welches auch schon *Brücke* (a. a. O. S. 128) gekannt hat, und dann füllt sich zweitens in der Submucosa des Kaninchens ein gewaltig entwickeltes horizontales Netzwerk starker Lymphcanäle, von welchen wir eine specifische Wandung, ebenso die Existenz von Klappen sehr bezweifeln, wenigstens nie eine Spur beider gesehen haben. Mächtige Stämme von 0,030—0,05''' begleiten gewöhnlich je zwei die in der Mitte gelegene Basalvene und stehen durch oft nur weniges feinere Seitenzweige, mit denen der Nachbarschaft ein enges Netz bildend, im Zusammenhang, worüber Fig. 11 c der zweiten Tafel zu vergleichen ist; ebenso die Seitenansicht Fig. 1 e, d.

Aus diesem horizontalen Netzwerk der Submucosa entspringen nun unmittelbar die Chyluswege der einzelnen Darmzotten (Taf. II, Fig. 1 c; Fig. 8 b, b). Dieselben pflegen an der Abgangsstelle meistens eine kurze Strecke weit ziemlich verengt zu erscheinen, bis zu 0,01, hier und da sogar selbst bis zu 0,005'''. Vergl. Taf. II, Fig. 1 c (an mehreren Exemplaren); Fig. 6 e, b, c; Fig. 8 b, b. Bei genauerem Zusehen ergiebt sich bald durch Verticalschnitte, welche die Axe des Darmrohrs rechtwinklig getroffen haben, dass diese verengte Localität keinen kreisförmigen, sondern einen länglich runden Querschnitt besitzt, denn jetzt (Taf. II, Fig. 2 a, b; Fig. 4 a, b; Fig. 3 b; Fig. 6 c, e) bemerken wir diese unterste Ursprungspartie der Chylusbahn 0,015—0,0225''' breit.

Bleiben wir noch einen Augenblick bei den zuletzt erwähnten Verticalschnitten stehen.

Das gewöhnlichere Verhältniss einer in dieser Weise zur Ansicht gebrachten Darmzotte stellt uns eine rasch zunehmende Verbreiterung des Chylusweges, noch ehe derselbe die eigentliche Zottenbasis erreicht hat, vor (Taf. II, Fig. 3 b; Fig. 6 e). Man findet häufig hier Quermesser bis zu 0,04 und 0,05'''.

Aus derartiger Stelle ist dann der Querschnitt der Schleimhaut gewonnen, welchen die Fig. 10 unserer Taf. II bringt und welcher uns ohne weiteres die Ueberzeugung gewährt von einer nach der abgeflachten Beschaffenheit der ganzen Darmzotte sich schon hier richtenden Gestalt des Chyluscanales c, c, sowie von der Abwesenheit oberflächlicherer, der höheren Schleimhautlage angehöriger Quergänge, welche zwar noch in der tieferen Mucosenhälfte hier und da vorkommen, während sie in der äusseren Schichte zu ganz seltenen Ausnahmen gehören dürften.

Kehren wir zu dem die Darmaxe rechtwinklig kreuzenden Verticalschnitt zurück, so treten ferner neben den einwurzeligen Chyluscanälen solche mit zwei Wurzeln recht häufig auf (Taf. II, Fig. 4 a, b). Selten sind Zotten mit dreien derselben (Taf. II, Fig. 2 a), während uns eine grössere Zahl bisher noch nicht vorgekommen ist. An mit der Längsaxe des Darmrohrs zusammenfallenden senkrechten Schnitten bemerkt man nicht leicht diese doppelten und mehrfachen Wurzeln des Axenbehälters.

Dieser selbst kann nun innerhalb der Darmzotte sich verschieden verhalten. Bei einfacher Wurzel bleibt er fast stets auch einfach, obgleich nicht selten in seiner Weite noch beträchtlich zunehmend. So haben wir vielfach Zotten bemerkt, wie sie Taf. II, Fig. 3 b und Fig. 6 e darstellen. Der Chyluscanal konnte Quermesser von 0,05744 und 0,07024''' erreichen (ja, einmal sahen wir von der breiten Fläche einen, der fast 0,1''' Breite besass). Anfangs abgeflacht (vergl. Taf. II, Fig. 9 c, d, e), gewinnt jener nach oben bei so starken Einfüllungen und Aufblähungen der Zotte einen cylindrischen Querschnitt (Taf. II, Fig. 6 c; Fig. 4 an mehreren Stellen, z. B. bei b; Fig. 9 a, b). Bei an sich schmäleren oder weniger erfüllten Darmzotten behält der Chyluscanal bis hoch in der Zotte hinauf die abgeflachte Beschaffenheit, wie manche Seitenansichten von Taf. II, Fig. 4 erkennen lassen, ebenso Fig. 6 a, b.

Indessen schon bei einwurzeligen Darmzotten kann, wenigstens in seltenen Fällen, der Chyluscanal in zwei oder drei parallel laufende, oberwärts wieder zusammentretende Canäle zerfallen. Ein instructives Beispiel dieser Art führt Taf. II, Fig. 6 d dem Leser vor. Auch Darmzotten, wie die Fig. 5 a, b, c gezeichneten, können wenigstens einwurzlig sein, doch nur in selteneren Fällen.

Andere Zotten haben zwei Wurzeln und zwar sehr häufig ganz kurze, welche alsbald zum einfachen Chyluscanal zusammenzufliessen pflegen (Taf. II, Fig. 4 a, b); seltener finden sich zwei erst oben in dem Spitzentheil der Darmzotte zusammentreffende Gänge, bisweilen von sehr ungleichem Quermesser (Taf. II, Fig. 5 a; Fig. 9 e).

Sehr seltene Vorkommnisse nach unseren Erfahrungen bilden über die gewöhnlichen Strecken des Ileum beim Kaninchen dreiwurzlige Darmzotten. Eine solche von ungewöhnlicher Breite mit den Fortsetzungen der Wurzeln als besondere Canäle führt Taf. II, Fig. 2 a vor.

Vergleicht man die eben gelieferten Angaben mit den Zeichnungen der zweiten Tafel, so wird man erkennen, wie an vielen Darmzotten des Kaninchens von Ampullen des Spitzentheiles nicht die Rede ist, während in andern Zottenspitzen solche Ausdehnungen auftreten oder endlich gar bei sehr starker Ausdehnung die ganze Zotte selbst nur einen ampullären Raum darstellen kann.

Ist die Einfüllung der Injectionsmasse in einem sehr hohen Grade vorgegangen, so wird man oftmals frappirt von der enormen Comprimirbarkeit des bedeckenden Zottengewebes oder — was dasselbe sagen will — von der höchst dünnen Gewebelage, welche den Chyluscanal bedeckt (Taf. II, Fig. 6 c, e). Es sind uns zahlreiche Exemplare der Art vorgekommen, wo das Zottengewebe über dem Chylusbehälter nur noch eine Dicke von 0,00319 und 0,00255''' besass, gerade ausreichend genug, um durch die Capillaren eben noch einen Blutkreislauf zu gestatten.

Fast überflüssig möchte es nach demjenigen, was die früheren Blätter dieses Aufsatzes brachten, noch erscheinen, die Versicherung zu wiederholen, dass auch in der Kaninchenzotte der Chyluscanal die gleiche Wandbegrenzung besitzt, wie beim Schaf, Kalb (und wohl den Säugethieren überhaupt). Interessant sind namentlich Bilder, wo strangartige Fortsätze der bindegewebigen Wandbegrenzung die Chylushöhle durchsetzen. (Vergl. Taf. I, Fig. 9 d (nach unten) und Fig. 10 (nach oben).)

Von einem Uebergange des Chylusbehälters oder der Injectionsmasse in das Höhlensystem angrenzender Bindegewebskörperchen, ebenso von einer Epithelialauskleidung der Chyluswege haben wir an zahllosen Objecten auch beim Kaninchen niemals eine Spur gesehen. Ebenso bleiben bei allen guten, selbst den hochgradigsten Füllungen Chylusbahnen und Schleimhautgerüste mit den Lymphzellen stets vollkommen von einander geschieden.

Die *Brücke*'sche Arbeit bringt auf S. 124 Angaben über das betreffende Thier.

»Beim Kaninchen«, sagt der Verfasser, »vereinigt sich, sobald sie in die Darmwand eingetreten sind, die Wand der Chylusgefässe mit der Adventitia der Blutgefässe, und das so gesammelte Material von Bindegewebe bildet nun Scheiden um die letzteren, von denen das ganze submucöse Bindegewebe durch Ausbreitung der Faserzüge ausgeht. Zwischen diesen Scheiden und den Blutgefässen, deren Verzweigungen sie begleiten, bleiben Räume, die während der Resorption regelmässig mit

Chylus erfüllt sind, während man vergebens nach irgend einer Spur eines selbstständigen, abgesondert von den Blutgefässen verlaufenden Lymphgefässes sucht. In wie weit diese Scheiden noch in ihrem Innern mit einer besonderen Membran ausgekleidet seien und ob sich dieselbe etwa über die Blutgefässe zurückschlage, so dass diese nur in den Scheiden wie der Darm intra peritonaeum liegen, das waren Fragen, die man sich wohl stellen konnte, die ich aber bis jetzt noch nicht zu beantworten im Stande bin. Klappen habe ich, wie zu erwarten stand, nirgends gefunden. Jedoch habe ich mit Sicherheit an mehreren wohlgelungenen Präparaten gesehen, dass die Chylusgefässe nicht den Blutgefässen entsprechend enger, sondern im Gegentheil an den dünnen Aesten der letzteren relativ sehr weit werden, so dass oft die Chylusablagerung mehr als zehnmal so breit ist, als das Blutgefäss, das sich als ein feiner heller Streif in ihrer Mitte hinzieht.«

Ueber die relative Weite der submucösen Chylusbahnen dürfen wir auf unsere vorangehenden Beobachtungen verweisen, wie denn auch die Abwesenheit einer specifischen Wandung für *Brücke* wie den Verfasser gleich wahrscheinlich ist. Dagegen glauben wir die Einscheidung des Blutgefässes in den Chylusstrom als ein allgemein gültiges Verhältniss in Abrede stellen zu müssen. Die meisten unserer Injectionspräparate zeigen nur ein Nebeneinander. Nur an einzelnen Stellen, da aber mit völligster, unverkennbarster Sicherheit kommt eine derartige Anordnung vor, deren wir schon in einem früheren Aufsatze (s. diese Zeitschrift Bd. XII, S. 342) für die Colongefässe des Kaninchens gedacht haben. Grossen Werth für den Dünndarm können wir diesem Structurverhältniss nicht beilegen.

Ferner berichtet uns der Wiener Forscher noch Folgendes: »In der Schleimhaut habe ich den Chylus immer vorzugsweise in den sehr dicht stehenden Zotten abgelagert gefunden. An einzelnen Stellen konnte ich jedoch auch unterscheiden, dass er die zwischen denselben stehenden Crypten (d. h. *Lieberkühn*'schen Drüsen) rings umgab.«

Es ist dieses, wie wir aus ähnlichen, die Fettresorption des Kaninchens betreffenden Untersuchungen wissen, gleichfalls eine richtige Beobachtung, welche vielleicht dem einen oder andern unserer Leser einen Widerspruch gegen die geschilderten Injectionen zu bilden scheint. Der Widerspruch ist jedoch nur ein scheinbarer. Wie auf der Zottenoberfläche das mit streifigem Saume versehene Cylinderepithelium ein Eindringen der Fettmoleküle in das Zottengewebe gestattet und dieses zu dem in der Axe gelegenen Chylusbehälter endlich vorrückt, so gestattet in den Thälern zwischen den Villi die gleiche Epithelialformation ein Eindringen der Chylusmoleküle in das darunter gelegene ganz gleiche Gewebe. Diese gelangen also so in die Interstitien zwischen den *Lieberkühn*'schen Drüsenmündungen und bilden jene weisslichen Ringe. Zwischen den Drüsenschläuchen selbst scheint aber nach demjenigen, was wir früher sahen, das **Chylusfett** niemals tief herab zu dringen, vielmehr unter der Schleimhautoberfläche eine mehr horizontale Richtung gegen die benachbarten, die Mucosa durchsetzenden Chyluswege einzuhalten. Ohnehin dürfte sich bei niederen, der Darmzotten entbehrenden Wirbelthieren die Fettresorption einzig nach letzterem Schema gestalten. In die Drüsenzellen der *Lieberkühn*'schen Schläuche drängen sich weder hier, noch bei irgend einem Thiere aber Chylusmoleküle ein. Diese Zellen weisen das Fett vielmehr total zurück (wozu auch *Brücke* in seiner Arbeit verglichen werden kann).

Auch bei der Maus haben wir vor zwei Jahren einmal mit grösster Schönheit dieselben Wege des eindringenden Fettes erkannt. An Chylusbahnen, durch Injection dargestellt, lässt sich bei der Kleinheit des Thieres nicht leicht denken, so dass wir uns hier nur auf kurze Angaben beschränken. Die Darmzotten, denen des Kaninchens in der Form ähnlich, zeigen zwischen ihren Basen ansehnliche Thäler mit den Mündungen der *Lieberkühn*'schen Drüsen. Diese, 0,04490—0,05108''' lang (also von bedeutender Kürze bei der Dünne der ganzen Schleimhaut) sind 0,01277—0,01532''' im Mittel breit und werden durch 0,00255—0,00639''' messende Zwischenräume des Schleimhautgewebes geschieden. Nur in den Knotenpunkten zwischen einzelnen Drüsengruppen erreicht es eine bedeutendere Stärke. Sein Charakter ist genau wie der beim Kaninchen angeführte, die Menge der Lymphkörperchen eine bedeutende. Die submucösen Chylusbahnen scheinen nur mässig weit zu sein.

Auch den unmittelbaren Uebergang von brückenartigen Fortsätzen *Peyer*'scher Follikel in das benachbarte Schleimhautgewebe erkennt man bei der Maus mit dem mehrfach geschilderten Verhalten sehr leicht. Ferner überzeugten wir uns hier an mehrmals vorkommenden Solitärdrüsen der Schleimhaut, dass auch sie in genauester Weise das Verhältniss *Peyer*'scher Follikel wiederholen. Dass auch hier bei energischen Fettresorptionen die Chylusmoleküle die Umgebungen der *Lieberkühn*'schen Drüsenmündungen umziehen können, wie *Brücke* (S. 127) berichtet, wissen wir aus eigener Beobachtung ebenfalls. Umhüllungen der Blutgefässe durch Chyluscanäle sah jener Forscher bei der Maus im Uebrigen nicht.

Der Dünndarm des **Meerschweinchens**, wo uns die Injection der Chylusbahnen ebenfalls bis zur Stunde nicht hat glücken wollen, scheint wesentlich mit demjenigen des Kaninchens übereinzustimmen.

Nach diesen Beobachtungen über den Dünndarm der Wiederkäuer und Nagethiere wandten wir uns zu demjenigen des **Pferdes**, als des Repräsentanten der Einhuferordnung. Leider aber stand uns hier kein ganz frischer Darm zur Verfügung.

Auch hier gelang es indessen, das Vorkommen von Lymphkörperchen im Schleimhautgewebe zu erkennen, ebenso eine wenigstens verwandte Textur des letzteren selbst. Dass uns dasselbe weniger netzartig und mehr faserig erschien, darauf wollen wir vorläufig geringeres Gewicht legen, indem völlige Frische eines in Weingeist gebrachten Darmstückes oder ein vorhergegangener Macerationszustand Manches in dem Bilde eines so zarten Gewebes ändern werden.

Für die Dickhäuter benützten wir den Dünndarm des **Schweins**. Dieser dürfte, soweit unsere bisherigen Erfahrungen reichen, neben dem Schafsdarm das passendste Object zur Erkennung des Schleimhautgewebes darbieten. Ueber ihn giebt uns *Brücke* (a. a. O. S. 135) an, dass er stellenweise die Fettinfiltration nur in der Chylusbahn der Zotten und den sich von jenen abwärts fortsetzenden Gängen, an andern Orten aber auch in den Interstitien zwischen allen *Lieberkühn*'schen Schläuchen angetroffen habe. Zugleich aber überzeugte er sich an den letzteren Stellen, dass das Gewebe unmittelbar unter dem Fundus eines jeden Schlauches immer völlig frei von Chylus geblieben war. Wir dürfen wohl an unsere eigenen Beobachtungen beim Kaninchen erinnern.

In nächster Umgebung der *Lieberkühn*'schen Drüsen erscheint beim Schwein auf Flächenschnitten das Bindegewebe mehr längsfaserig, einzelne ovale und spindelartige Kernbildungen beherbergend. In einiger Entfernung von der *Lieberkühn*'schen Drüse ändert sich dieser Charakter; das netzförmige Ansehen tritt schärfer, meistens in grösster Schönheit hervor, ohne dass wir jedoch im Stande gewesen wären, hier in den Knotenpunkten des Fasernetzes sichere Zellenkerne zu entdecken, wie denn überhaupt das Ganze, verglichen mit dem Trabekelgerüste der Alveole in einer Lymphdrüse oder einem *Malpighi*'schen Körperchen der Milz, den Charakter grosser Feinheit und Zartheit darbietet.

Dagegen ist die Infiltration der Lymphkörperchen eine ausserordentlich grosse, so dass an einem Horizontalschnitte, wenn er anders nicht in äusserster Feinheit gewonnen worden ist, fast das ganze bindegewebige Schleimhautgerüste von den Lymphkörperchen verdeckt wird. Auch an den feinsten Schnittstellen erscheint die Lymphzelle verhältnissmässig immer noch sehr reichlich. Am längsten erhalten sich natürlich die in den Interstitien des faserigen Gewebes, wie es die nächste Umgebung der *Lieberkühn*'schen Drüsenschläuche zeigt, gelegenen Zellen.

An Horizontalschnitten sind denn auch die wiederum einer specifischen Wandung entbehrenden Chyluswege überaus leicht zu erkennen. Die Quermesser der Drüsenschläuche betragen $0{,}01277$, $0{,}01532-0{,}02040'''$; die Schleimhautbrücken sind meistens von ziemlicher Breite, $0{,}00639-0{,}00766'''$; häufig zeigen sich solche mit $0{,}01532'''$, selten erscheinen feine von nur $0{,}00383'''$. An Seitenansichten beträgt die Länge der Drüsenschläuche gegen $0{,}125-0{,}16667'''$; die Lymphzellen treten durch die ganze Länge des bindegewebigen Raumes zwischen zwei Schläuchen herab und sind selbst deutlich und zahlreich unterhalb des blindsackigen Endes zu erkennen. Das so reichliche Vorkommen der uns beschäftigenden Zellenformation in der Darmschleimhaut des Schweins musste den Gedanken nahe legen, etwas über die Entstehung jener zu ermitteln. Alle unsere Versuche sind leider indessen auch hier resultatlos geblieben. Schliesslich ist die Muscularis mucosae stark entwickelt, im Mittel 0,02554''', und mit Verlängerungen zwischen den Schlauchdrüsen nach oben steigend.

Für das Wiesel, welches wir uns leider während dieser Arbeiten nicht verschaffen konnten, hat *Brücke* (a. a. O. S. 122) Beobachtungen mitgetheilt. Chylusablagerungen zwischen den *Lieberkühn*'schen Drüsen konnte er hier nicht erkennen und bemerkt treffend, dass das Vorkommen oder Fehlen derselben wohl mehr von zufälligen Umständen, als von einer wesentlichen Verschiedenheit abhänge. »Man kann sich wohl vorstellen, dass öftere und lebhaftere Contractionen die Grösse der von ihnen in einer bestimmten Zeit aufgebrachten Chylusmenge vermehren, während bei Trägheit der Zotten sich die Resorption mehr gleichmässig auf der Schleimhaut-Oberfläche vertheilt. Ebenso ist es denkbar, dass eine besondere Dicke und Zähigkeit des zwischen den Zotten liegenden Schleimlagers hier die Resorption des Fettes beeinträchtigt, während die Zotten hierdurch weniger in ihrem Geschäfte gestört werden. In der That scheint es auch, als ob andere Beobachter beim Menschen Bilder vor sich gehabt haben, die demjenigen näher kommen, welches mir das Wiesel darbot«.

Gute Objecte liefert aus der Ordnung der Fleischfresser der Dünndarm des Igels. Bei ihm existirt eine starke, mit ansehnlich langen Darmzotten versehene Mucosa. Die *Lieberkühn*'schen Drüsen, circa 0,14286''' lang, stehen dicht gedrängt. An Horizontalschnitten beträgt ihr Durchmesser im Mittel 0,02040—0,02554'''. Die bindegewebigen Interstitien zwischen ihnen sind meistens enge, 0,00255—0,00383'''; seltener schon erscheinen solche von 0,00510 und 0,00639''' Breite. Nichts destoweniger ist die Menge der dem Bindegewebe eingebetteten Lymphzellen auch bei diesem Geschöpfe eine recht ansehnliche zu nennen. Das Bindegewebe selbst scheint die gewöhnliche Beschaffenheit darzubieten. Die Muscularis mucosae ergiebt eine Stärke von 0,00766'''. Die geringe Entwicklung des bindegewebigen Schleimbautgerüstes bringt es mit sich, dass die Querschnitte der *Lieberkühn*'schen Drüsen keineswegs immer in rundlichen, sondern sehr häufig in schwach polyedrischen Formen erscheinen.

Unter den übrigen Fleischfressern untersuchten wir noch die Katze und den Hund. Frisch in Alkohol eingelegte Dünndärme ergeben verhältnissmässig sehr günstige Resultate. Erheblichere Differenzen zwischen den beiden Thieren dürften kaum vorhanden sein, obgleich wir nur wenige Exemplare zur Beobachtung benutzt haben. Wir schildern desshalb, um Wiederholungen zu vermeiden, wesentlich die Dünndarmschleimhaut der Katze. Die *Lieberkühn*'schen Schläuche messen im Mittel 0,11111''', die Muscularis mucosae 0,01532'''. Auch hier wiederholt sich in nächster Umgebung der Drüsen-Querschnitte das circulär faserige Ansehen des

Bindegewebes, während dasselbe peripherisch einen mehr netzartigen Charakter gewinnt, ohne jedoch denjenigen sogenannter lymphoider Drüsen völlig zu erreichen. Die Interstitien zwischen den im Diameter 0,0115, 0,01277—0,01532 und 0,01660''' messenden Drüsenquerschnitten betragen im Mittel 0,00383—0,00639''', auch wohl mehr. Einzelne sind indess weit feiner, 0,00255''' und weniger.

Die Menge der im Bindegewebe eingeschlossenen Lymphkörperchen verdient auch hier als eine recht bedeutende bezeichnet zu werden. Neben ihnen treten deutlich längsovale und spindelförmige Zellen, d. h. Bindegewebskörperchen, hervor. Mannichfache Gefässquerschnitte kommen natürlich auch hierbei zur Ansicht. Stärkere Blutgefässe charakterisiren sich durch die specifische Wandung und ihre Epitheliumreste, während die Chylusbahnen, in üblicher Weise ersterer entbehrend, nur von verdichtetem faserigem Bindegewebe eingegrenzt sind und von Epithelialbekleidung nicht das Mindeste entdecken lassen. Bisweilen glaubten wir allerdings spindelförmige Zellen dieses Gewebes zu sehen; eine genauere Prüfung lehrte jedoch, dass es spindelförmige Bindegewebskörperchen aus der Grenzschicht waren, welche hier und da in das Lumen der Chylusbahn einsprangen.

Als ein nicht uninteressantes und über die Entstehung der betreffenden Lymphkörperchen vielleicht einiges Licht verbreitendes Verhältniss möge noch eine Bemerkung hier ihren Platz finden Neben einer grossen Ueberzahl ganz gewöhnlich erscheinender Lymphzellen beherbergte das Schleimhautgewebe der Katze noch eine geringe Minderzahl anderer, welche die doppelte bis dreifache Grösse besassen und an mit essigsaurem Wasser ausgewaschenen Carminpräparaten doppelte, drei- und vierfache Kernbildungen erkennen liessen. Man wird unwillkürlich an die bekannten Beobachtungen erinnert, welche vor Kurzem *Grohe*[1], *Billroth*[2] und *Rebsamen*[3]) über analoge Zellen der Lymphdrüsen und Milz veöffentlicht haben.

Was den Hund betrifft, so standen an dem von uns benutzten Exemplare, einem kleinen Thiere, die (im Mittel 0,125''' langen und im Quermesser 0,01917—0,02040''' messenden) *Lieberkühn*'schen Drüsen gedrängter; die bindegewebigen Zwischenräume erschienen somit von geringerer Breite (0,00383—0,00510''' im Mittel) und unter einem mehr faserigen Ansehen, so dass also die Aehnlichkeit mit dem netzförmigen Gewebe der Lymphdrüsenfollikel hier um ein beträchtliches geringer ausfiel, als bei manchen andern Säugethieren. Nichts destoweniger blieb

---

[1] *Grohe*, Beiträge zur pathologischen Anatomie der Milz. *Virchow's* Archiv. Bd. 20. S. 306.

[2] *Billroth*, Ueber die feinere Structur pathologisch veränderter Lymphdrüsen. *Virchow's* Archiv. Bd. 20. S. 435.

[3] *Rebsamen*, Die Melanose der menschlichen Bronchialdrüsen. Diss. Zürich 1861 und in *Virchow's* Archiv. Bd. 24. S. 92.

auch hier die verwandte Beschaffenheit des Bindegewebes insofern bewahrt, als Lymphzellen die Interstitien in reichlicher Menge einnahmen, obgleich die Menge derselben natürlich geringer sich gestaltete als bei der Katze[1]).

Um die Ordnung der Cetaceen nicht ganz leer ausgehen zu lassen, versuchten wir das betreffende Texturverhältniss der Schleimhaut des Darmcanals bei Delphinus phocaena zu erkennen. Leider waren die Eingeweide des von Kiel aus dem Zürcher'schen Cabinette überschickten Exemplares schon im Zustande starker Maceration, als die Sendung ankam. Wir erkannten indessen wenigstens soviel, dass die Mucosa der vorderen Darmhälfte beim Delphin ebenfalls Lymphzellen, und zwar in reichlicher Menge, beherbergte. Ueber das Gewebe der Darmschleimhaut selbst aber müssen wir bis zur Durchmusterung eines passenden Präparates unser Urtheil verschieben.

Der Umstand, dass das der Fäulniss anheimgefallene Schleimhautgewebe des Dünndarms nur schwierig und ungenügend die Erkennung der uns hier beschäftigenden Textur gestattet, ist die Ursache, dass über den Dünndarm des Menschen wir nur wenige Beobachtungen mitzutheilen vermögen.

Der Dünndarm eines während der Geburt verstorbenen Kindes bietet Folgendes dar: An Horizontalschnitten, etwa in der halben Höhe der Schleimhaut gewonnen, erscheinen zahlreich und gedrängt die Querschnitte der *Lieberkühn*'schen Drüsen von kreisförmiger oder länglich runder Gestalt und einem meistens von $0,0115-0,01277'''$ betragenden Durchmesser; kleinere sinken auf $0,01020$ und $0,00898'''$ herab, grössere, namentlich länglich-runde, erreichen $0,01796$ und $0,02554'''$. Getrennt werden sie durch Substanzbrücken von $0,00255$, $0,00383-0,00639$ und $0,00898'''$. Innerhalb dieser zeigen sich neben Querschnitten mit Chromgelb injicirter Blutgefässe hier und da rundliche Oeffnungen von $0,00639-0,00898'''$ Diameter, welche wir für Lymphwege nehmen.

Unmittelbar um den Querschnitt der *Lieberkühn*'schen Drüsen herum besitzt das Bindegewebe einen deutlich faserigen Bau, zeigt aber dabei einen bedeutenden Reichthum namentlich länglicher kernartiger Gebilde, welche bei Carmintinction deutlich als kernhaltige Zellen, d. h. junge Bindegewebskörperchen, sich herausstellen. Nach innen scheint in den Substanzbrücken auch hier ein mehr loserer, möglicherweise netzartiger

---

[1]) Gerade während der Correctur dieses Aufsatzes gelang uns noch die Füllung der Chylusbahnen im Dünndarm des Hundes. Die Darmzotten zeigten uns hierbei fast ausnahmslos ein einfaches, stark dilatirtes Chylusgefäss. Ziemlich ansehnliche Stämme von $0,01-0,025'''$ Quermesser stiegen zwischen den *Lieberkühn*'schen Drüsen in nicht unansehnlichen Entfernungen von einander abwärts. Beträchtlich ausgebildet in der oberen Schleimhauthälfte ergab sich ein System verbindender Quergänge. Die submucösen Gefässe waren klappenführend und star knotig dilatirt.

Verlauf der Bindegewebefasern vorzukommen. Die Menge der Lymphkörperchen in dem Gewebe ist nicht besonders gross zu nennen, obgleich dieselben auf das Deutlichste zu erkennen sind. An einer Stelle trafen wir dagegen an dem hier von *Lieberkühn*'schen Drüsen freien Schleimhautgewebe eine massenhafte Ansammlung dieser Zellen, als wenn es zur Bildung eines Solitärfollikels hätte kommen sollen.

An senkrechten Schnitten zeigte die Schleimhaut des betreffenden Neugeborenen eine im Mittel 0,00639—0,00766''' mächtige Muskelschicht, welche, wenigstens stellenweise, gegen die Darmzotten aufsteigende muskulöse Faserzüge mit Deutlichkeit erkennen liess. Die *Lieberkühn*'schen Schläuche (wie an Querschnitten so auch hier mit den gewöhnlichen cylindrischen Drüsenzellen erfüllt) boten eine Länge von 0,04490 — 0,05508 und 0,0575''' dar. Lymphkörperchen erschienen zwischen den unteren Theilen der *Lieberkühn*'schen Drüsen deutlich im Bindegewebe eingebettet, während sie zwischen den oberen, d. h. blindsackigen Partieen benachbarter Schläuche nur spärlich zu erkennen waren.

Im submucösen Bindegewebe zeigten sich die mehr kreisförmigen oder unbestimmt rundlichen Querschnitte zahlreicher Lymphgefässe. Eine Reihe derselben ergab Durchmesser von 0,01277, 0,02554, 0,03195—0,03831'''.

Noch in anderer Hinsicht erschien das submucöse Bindegewebe des uns hier beschäftigenden Darmstückes von Interesse, nämlich durch Züge von bald rundlicher, bald länglicher Gestalt, bestehend aus Ansammlungen von Lymphkörperchen (oder doch wenigstens von Zellen, die am Weingeistpräparate in keiner Weise von solchen zu unterscheiden waren). Sie kamen verhältnissmässig sehr häufig zur Beobachtung und zeigten sich dem Bindegewebe selbst eingebettet und nicht etwa in demselben befindliche hohle Gänge erfüllend. Wie weit hier ein normales Verhältniss gegeben ist, vermögen wir vorläufig nicht zu entscheiden. Erinnert wird man im Uebrigen gar sehr an manche ähnliche Ansammlungen derartiger Zellen im Bindegewebe, welche die pathologische Histologie in den letzten Jahren uns kennen gelehrt hat.

Gehen wir nun über zum Dünndarme eines achtjährigen, an Typhus und Noma verstorbenen Mädchens, so traten hier die Interstitien zwischen den querdurchschnittenen *Lieberkühn*'schen Drüsen breiter als beim Neugeborenen auf. Das Gewebe äusserlich um die letzteren herum zeigte sich abermals mehr faserig, also in derselben Weise wie bei dem vorher besprochenen Objecte, war aber um ein Beträchtliches ärmer an Bindegewebskörperchen geworden. Nach innen hin gewann es deutlich ein anderes und mehr netzartiges Ansehen, wenngleich nicht in der Schönheit und Schärfe mancher Säugethiere, z. B. des Kalbes und Schweines.

Auffallenderweise erschien aber die Menge der Lymphzellen weit beträchtlicher, als das Präparat des Neugebornen sie zeigte. Unsere Untersuchungen sind leider allzu dürftig, als dass wir zu entscheiden im Stande wären, ob hierin nur ein zufälliges oder ein wesentliches, mit dem typhösen Processe zusammenfallendes Verhältniss gegeben war.

Wir durchmusterten während des Sommers mehrfach den Dünndarm erwachsener menschlicher Körper, namentlich von Leuten, die plötzlich verunglückt waren. Bei den meisten jener war leider die Zersetzung schon zu weit vorgeschritten, als dass die Weingeisterhärtung ein genügendes Beobachtungsobject noch hätte liefern können. Indessen ergab sich wenigstens noch so viel, dass auch hier das Schleimhautgewebe dem der durchmusterten Säugethiere sehr verwandt erscheint. Manchmal erkannten wir noch netzartige Verbindungen von Bindegewebsfasern. An andern Stellen erschien eine mehr unbestimmte bindegewebige Masse von grosser Weichheit, die jedoch sicherlich diese Beschaffenheit erst in Folge der eingetretenen Fäulniss erhalten hatte. Lymphkörperchen traten uns im Uebrigen an allen Dünndarmpräparaten des Menschen, die wir untersuchten, bald reichlicher, bald spärlicher entgegen.

Das Darmzottengewebe, soweit wir zu genügenden Anschauungen zu gelangen vermochten, bot im Allgemeinen den mehrfach von Säugethieren angezeigten Charakter dar. Der in der Axe enthaltene Chylusweg, von festem Bindegewebe eingegrenzt, liess sich leicht erkennen.

Unsere Bemühungen, die Chylusgefässe des Dünndarms beim Menschen zu injiciren, sind bei freilich nicht zahlreichen Versuchen bisher nicht von Erfolg gekrönt gewesen; ebenso wenig führte uns in der letzten Zeit einen während der Fettresorption zu Grunde gegangenen Körper in die Hände. Wir vermögen desshalb über die nachfolgenden Angaben *Brücke's* kein sicheres Urtheil abzugeben.

Dieser Forscher (a. a. O. S. 114) schildert uns nämlich die aus der Schleimhaut kommenden mit Chylus erfüllten Gefässe aus der Leiche eines Kindes genauer und giebt dazu eine Zeichnung (Taf. I. Fig. 1). Die letzteren besitzen Klappen und halten, wenn allerdings auch häufig Anastomosen vorkommen, doch einen wesentlich dendritischen Verlauf ein. Den Chylus fand er (und von solchen Vorkommnissen war bei Säugethieren schon auf den früheren Blättern dieser Arbeit mehrfach die Rede) nicht allein in die Chylusbahnen der Darmzotten sondern auch in die Interstitien zwischen den *Lieberkühn*'schen Drüsen eingedrungen. Andererseits konnte er sich überzeugen, dass die letztern interstitiellen Chylusablagerungen sich direct und ohne Unterbrechung in den Inhalt der Chylusgefässe fortsetzen, wofür wir von *Brücke* auf Taf. I. Fig. 4 eine Abbildung erhalten.

Zürich im September 1862.

[1]) Erst im November gelang die Injection der Darmzotten und *Peyer*'schen Drüsen in ausgedehntester Weise auch beim Menschen. Darüber wird das *Virchow*'sche Archiv nächstens Mittheilungen bringen

Ueber die Lymphbahnen der Peyer'schen Drüsen.

Mit Taf. III. und IV.

Die *Peyer*'schen Drüsen haben bekanntlich seit längerer Zeit zahlreiche Aerzte und Anatomen beschäftigt. Ihre Verbreitung bei Thieren, die gröberen Structurverhältnisse beim Menschen und die Veränderungen bei manchen Krankheitsprocessen kannte schon eine verhältnissmässig ältere Epoche, während die Erforschung des feineren Baues und davon bedingt die Vorstellungen über die physiologische Leistung der fraglichen Organe aus ziemlich neuer Zeit datiren.

Bis gegen das Ende der 40er Jahre war das Wissen über unsere Organe ein sehr dürftiges und unbefriedigendes[1]. Erst gegen das Jahr 1850 begann sich eine genauere Kenntniss derselben anzubahnen. Sonderbarerweise kam zuerst *Brücke*[2] nach einer, wie wir jetzt sagen dürfen, verfehlten Untersuchung dahin, ihre wahre Natur als kleiner Lymphdrüsen richtig auszusprechen. Dieser Forscher, in der Absicht die Lymphgefässe des Dünndarms zu injiciren, trieb nach einer älteren Füllungsmethode mit Alkannhawurzel roth gefärbtes Terpentinöl in den Hohlraum eines abgebundenen Darmstückes bei einer jungen Katze ein, und füllte so, unter Zerreissung des Gewebes, mesenteriale, aus *Peyer*'schen Haufen mit ihren Wurzeln hervorgetretene Lymphgefässe. »An einzelnen der

---

[1] Man vergl. z. B. die Angaben, welche sich bei *Frerichs* (Artikel: »Verdauung« im Handwörterbuch der Physiologie Bd. 3. S. 742 ff.) finden, die der Verfasser mit dem Schreiber dieses Aufsatzes nach ziemlich mühsamen Untersuchungen an der Hand der älteren Methode gewonnen hatte. Hält man dasjenige daneben, was im Jahre 1835 *F. Böhm* in seiner schönen Arbeit (De glandularum intestinalium structura penitiori. Berolini 1835. Diss. inaug.) erhalten hatte, so ist der Fortschritt jenes Zeitraumes kein grosser zu nennen.

[2] Ueber den Bau und die physiologische Bedeutung der *Peyer*'schen Drüsen. Wien 1850. (Separatabdruck aus dem zweiten Band der Denkschriften der Wiener Akademie).

kleineren Drüsen sah man aus der Tiefe eine röthliche Farbe hervorschimmern, lebhafter aber waren an den betreffenden Stellen die schmalen bindegewebigen Zwischenräume gefüllt, welche die einzelnen Drüsen von einander trennen. Wiederholte Versuche gaben dasselbe Resultat und es schien mir wahrscheinlich, dass durch die Spannung und den Druck von innen her die Drüsenkapseln gegen die Darmhöhle hin einreissen, das Oel in sie eindringt und von da einen Weg in die Lymphgefässe findet«. Ueber den Weg selbst konnte *Brücke* nur so viel ermitteln, dass man zuerst in einzelnen Follikeln einen röthlichen Fleck bemerke, und dass gleich darauf zwischen diesen und den benachbarten Drüsen rothe Linien erschienen, aus deren Netzwerk sich ein Gefässbaum entwickelte, der in die Mesenterialgefässe sich fortsetzte. Dagegen erhalten wir hier zum erstenmale die richtige Angabe, dass die Zellen der *Peyer*'schen Drüsen mit denen der Lymphknoten identisch sind. In dem Bestreben, Lymphgefässe, die aus dem Follikel wegführten und andere, welche in ihn einträten, zu finden, glaubte der Verfasser damals zu folgenden Resultaten gekommen zu sein: Man sieht dass die Drüsen auf eigenthümliche Weise mit dem umgebenden Bindegewebe verbunden sind; es gehen nämlich von ihren äusseren, dem Peritonaeum zugewandten Theile zuweilen strangartige Fortsätze aus, mit Lymphkörperchen im Innern erfüllt. »Ob diese Stränge wirklich Schläuche mit geschlossenen Wandungen bilden, die nur ihrer Feinheit wegen nicht als solche dargestellt werden können, ob sie unvollkommene, mit Spaltöffnungen versehene Wandungen haben, oder ob sie endlich nur als ein Strang von Fibrillen anzusehen sind, die durch einzelne umspinnende Fasern zusammengehalten, die kernigen und zelligen Elemente des Chylus auf bestimmten Wegen fortleiten, während die Flüssigkeit in ihnen fortschreitet, wie das Wasser das durch einen Zwirnsfaden aus einem Gefässe in ein anderes übergeführt wird; alle diese Fragen wage ich nicht zu entscheiden; dass aber jene Stränge wirklich den ersten Wegen des Chylus angehören, das glaube ich im hohen Grade wahrscheinlich machen zu können.«

»Es ist gewiss und unzweifelhaft«, fährt unser Verfasser fort, »dass die Darmzotten die ersten Anfänge der Chyluswege enthalten, es ist also nur zu ermitteln, in welchen Bahnen der Chylus aus ihnen in die grösseren, durch natürliche oder künstliche Injection darstellbaren Lymphstämme gelangt. Man wird sich nun bei sorgfältiger und mit hinreichender Geduld angestellter Untersuchung überzeugen, dass von den Zotten ganz ähnliche Stränge herabkommen, wie man dieses namentlich gut an dem Rande der Plaques oder zwischen zwei Drüsen beobachten kann, welche einen grösseren Zwischenraum zwischen sich lassen, wie solches meistentheils bei Hunden der Fall ist. Solche Stränge nehmen, wenn man sie mit Essigsäure behandelt, ganz ebenso wie die zu den Drüsen gehenden, das Ansehen umsponnener Schläuche an und stellen da, wo

sie senkrecht auf ihre Axe durchschnitten sind, rundliche, helle Flecke
dar, was man namentlich da sieht, wo sie zwischen den *Peyer*'schen
Drüsen einerseits und den *Lieberkühn*'schen Krypten andererseits hindurchtreten. An einzelnen Präparaten ist es mir gelungen, das submucöse Bindegewebe so vollständig zu zerlegen, dass ich mit Sicherheit aussagen kann, dass es aus nichts anderem besteht als aus diesen Strängen
und dem sie umspinnenden und miteinander verbindenden Bindegewebe,
und dass in demselben ausserdem mit Ausnahme der leicht als solche
erkennbaren Blutgefässe nichts enthalten ist, was man auch nur entfernter Weise für ein Gefäss halten könnte. Es bleiben demnach nur
zwei Möglichkeiten übrig: Entweder der Chylus wird in diesen Strängen
fortgeleitet, oder er gelangt aus den Zotten in die Zwischenräume zwischen
den Strängen und wird aus diesen erst später durch noch unbekannte
Enden der Lymphgefässe aufgenommen. Diese Zwischenräume sind aber
nichts anderes als jene unregelmässigen communicirenden Räume,
welche das Quecksilber anfüllt, wenn man die Canüle eines *Fohmann*'-
schen Injectionsapparates aufs Gerathewohl in das Bindegewebe einstösst
und das Metall laufen lässt, wohin es will, und es lassen sich desshalb
gegen die letztere Ansicht alle Gründe geltend machen, welche man mit
Recht gegen die Behauptung aufgebracht hat, dass auf diesem Wege ohne
Weiteres die wahren Anfänge der Lymphgefässe injicirt werden. Berücksichtigt man ferner die Erscheinungen, welche ich bei der Injection mit
Terpentinöl wahrgenommen habe, und zieht man in Betracht, dass ich in
einzelnen Fällen in Strängen, welche von den Zotten kamen, noch Spuren
einer feinkörnigen Substanz gefunden habe, dass ferner der körnige Inhalt der *Peyer*'schen Drüsen oft eine kurze Strecke in die Stränge hinein
verfolgt werden kann, so scheint es mir, dass man sich der Ansicht zuwenden müsse, dass sie selbst und nicht die Zwischenräume zwischen
ihnen die Wege des Chylus sind. — Sind die Stränge, wie dieses wohl
möglich ist, keine Schläuche, sondern nur Bündel von Fibrillen, so
kann natürlich mit diesem Ausspruche nur gemeint sein, dass die körnigen Elemente des Chylus und die Fetttröpfchen zwischen den Fibrillen
fortgeleitet werden, die Flüssigkeit aber das ganze Bindegewebe durchtränkt, wenn sie auch vorzugsweise in der Richtung der Fasern fortrückt.
— Es bleibt mir nur noch übrig auf die Frage einzugehen, ob jede Drüse
nur mit einem oder mit mehreren Strängen in Verbindung steht. Ich
kann dieselbe dahin beantworten, dass es sich nicht entscheiden lässt,
ob der erstere Fall überhaupt vorkommt, indem man immer nur einen
sehr dünnen Schnitt und nicht die ganze Drüse gleichzeitig untersuchen
kann, dass aber der letztere entschieden und zwar oft genug Statt hat.
Zunächst muss bemerkt werden, dass man an manchen Drüsen schon
vom Fundus derselben mehrere Stränge abgehen sieht, welche alle centripetal, d. h. gegen die Muskelhaut hin verlaufen. Einmal habe ich deren
sogar vier gezählt. Auch der obere, der Schleimhautoberfläche nähere

Theil der Drüsen schien mir Stränge aufzunehmen, welche von den Zotten kommend, unter und zwischen den *Lieberkühn*'schen Krypten hindurchgehend zu ihnen gelangen; ich muss mich aber desshalb zweifelhaft über diesen Gegenstand ausdrücken, weil es mir nie gelungen ist, den dunklen Inhalt der Drüse in solche Stränge hinein zu verfolgen.«

Am Schlusse der Arbeit spricht sich *Brücke* dahin aus, dass die *Peyer*'schen Drüsen in der Darmwand lagernde Lymphdrüsen sind, welche dem Chylus seine ersten organisirten Elemente bereiten.

Hat sich nun auch, wie wir sehen werden, der verehrte Forscher hinsichtlich der Wege des Chylus völlig getäuscht, immerhin gebührt ihm das Verdienst, den Vorstellungen von gewöhnlichen drüsigen Absonderungsorganen, wofür solitäre und gehäufte Follikel bis dahin galten, zuerst entgegengetreten zu sein.

Wir hatten im Jahre 1851 das Glück, einen weiteren Beitrag[1]) zur Kenntniss der uns hier beschäftigenden Organe zu liefern, indem wir das den Follikel durchziehende entwickelte Gefässnetz nachwiesen, eine Entdeckung, welche der Ausgangspunkt weiterer wissenschaftlicher Erwerbungen im Gebiete verwandter Organe geworden ist.

Wie zu erwarten stand, fand die *Brücke*'sche Arbeit anfänglich sehr verschiedenartige Beurtheilungen. Aus der damaligen Literatur heben wir nur die erste Besprechung *Kölliker's*[2]) hervor.

Dieser Forscher spricht es aus, dass bei *Brücke's* Injection weniger von den Follikeln aus die Chylusgefässe gefüllt worden seien, als von den Zwischenräumen zwischen den Follikeln. In Betreff der von den Follikeln austretenden und in sie eingehenden Stränge nimmt er eine Verwechslung an. Die Stränge in den Zotten seien die Muskelfasern, die der unteren Partieen des Follikels hält er für Bindegewebebündel und für Nervenstämmchen. Auf die Analogie mit Lymphdrüsen sei vorläufig kein Gewicht zu legen, da es auch von diesen nichts weniger als bewiesen sei, dass die Lymphgefässe in ihre Follikel sich öffnen und ebenso beweise auch die Uebereinstimmung der Zellen des *Peyer*'schen Follikels mit denen der Lymphdrüsenfollikel und den Lymphkörperchen selbst durchaus nichts, da es sich hier um Zellen von ganz indifferenter Natur handele, wie sie auch an vielen anderen Orten, (*Malpighi*'sche Körperchen der Milz, Tonsillen, Bälge der Zungenwurzel, Thymus) ganz in gleicher Form sich vorfänden. Trotzdem kommt *Kölliker* am Schlusse seiner langen Erörterung hinsichtlich der physiologischen Verhältnisse zu einem ähnlichen Resultate wie *Brücke*.

Da wir hier keine Geschichte der *Peyer*'schen Drüsen schreiben

---

[1]) Man vergl. die Dissertation von *F. Ernst*. Ueber die Anordnung der Blutgefässe in den Darmhäuten. Zürich 1851. c. Tab.

[2]) S. dessen Mikroskopische Anatomie. Bd. 2. 2. Hälfte. Abthlg. 1. S. 188. Leipzig 1852.

wollen, so können wir die späteren Angaben des Würzburger Anatomen, ebenso verschiedene den 50er Jahren angehörige Publicationen Anderer übergehen und unsre Erörterungen mit der Angabe *Brücke's*[1]) aus dem Jahre 1855 fortführen, dass bei noch blinden Jungen von Mus decumanus Chylus im Centrum der *Peyer*'schen Follikel zu erkennen sei, eine Beobachtung, welche *Kölliker*[2]) erweiterte, indem er bei jungen Hunden, Katzen und Mäusen Aehnliches sah, obgleich er die Fettmoleküle des Chylus meist nur in dem der Darmhöhle zugewendeten Theile der Follikel antraf

Der Erste, welcher das zarte bindegewebige, den Follikel durchziehende Netzgerüste sah, scheint *Donders*[3]) gewesen zu sein. Er konnte es indessen nicht bis in das Centrum des Follikels verfolgen.

Im Jahre 1859 drückt *Kölliker*[4]) in der Frage nach der Natur der *Peyer*'schen Follikel sich folgendermaassen aus:

»Der von *Brücke* behauptete Zusammenhang der Follikel der *Peyer*'schen Haufen mit Chylusgefässen, wonach diese Organe als Lymphdrüsen zu deuten wären, verdient auf jeden Fall alle Berücksichtigung. Eine unbefangene Würdigung der vorliegenden Thatsachen führt jedoch zu dem Ergebnisse, dass der directe Uebergang der Follikel in Chylusgefässe, wie ihn *Brücke* zuerst statuirte, noch immer nicht bewiesen ist, und ebenso scheinen mir auch die, wie *Brücke* jetzt annimmt, im Innern der Follikel befindlichen interstitiellen Chylusräume, die an den Gefässen derselben liegen und aussen an den Follikeln zu wirklichen Lymphgefässen führen sollen, noch nicht hinlänglich demonstrirt. Eine Differenz zwischen den *Peyer*'schen Haufen und den Lymphdrüsen ist auch nicht zu läugnen. In letzteren communiciren die Alveolen direct untereinander, während bei den ersteren die Follikel fast ohne Ausnahme rings herum ganz geschlossene Blasen sind (Communicationen einzelner Follikel, wie sie *Henle* und *Brücke* sahen, sind sicher sehr selten: ebenso sah ich die Follikel nie an einer Seite ohne Wand); die Lymphdrüsen haben ferner zu- und abtretende Chylusgefässe, an den *Peyer*'schen Haufen sind nur die letztern bekannt.«

Während die Zweifel an der Existenz intrafollikulärer Chylusräume sicher begründet sind, enthält die Annahme *Kölliker*'s über Communicationen der Follikel, über die geschlossene Blase und über die Nichtabwesenheit einer Wandschicht an einer Stelle der Peripherie ebenso viele Unrichtigkeiten.

Zum Schlusse kommt *Kölliker* dahin auszusprechen, dass immerhin

---

1) Sitzungsberichte der Wiener Akademie. 1855 Feb. Bd. 15. S. 267.
2) Würzburger Verhandlungen. Bd. 7. S. 177.
3) S. dessen Physiologie des Menschen. Deutsche Uebersetzung. Bd. 1. S. 321. Leipzig 1856.
4) Vergl. dessen Handbuch der Gewebelehre des Menschen. 3. Aufl. S. 431.

die *Peyer*'schen Follikel doch eine Art von terminalen Lymphdrüsen ohne zuführende Gefässe sein könnten.

Wir glauben es gerade als ein Verdienst unserer Injectionen ansehen zu können, dass wir überall diese zuführenden Wege dargethan haben. (S. unten).

Ueber die feinere **Structur** der *Peyer*'schen Follikel machte im Jahre 1859 *Heidenhain*[1]) einige auf den Hund und das Kaninchen bezügliche Mittheilungen. Er hält die Wand des Follikels für allseitig geschlossen, aus einem sehr dichten Bindegewebe bestehend, das sich an seiner äusseren Grenze in mehr oder weniger parallele, sehr nahe aneinander gedrängte Fasern spalten lasse.

Das im Innern des Follikels vorkommende und mit den ihn durchziehenden Blutgefässen verwebte netzförmige Gerüste — welches vor jenem Verfasser schon von *Donders* und *Billroth* gesehen war, (wozu des Letzteren Beiträge zur pathologischen Histologie. Berlin 1858. S. 130 zu vergleichen sind) — soll aus einem Netze von Fasern bestehen, die von der Hülle kommend, die Gefässmaschen ausfüllen und die ganze Höhle des Follikels durchziehen. An den Knotenpunkten, wo mehrere Balken zusammentreffen, gehen sie häufig in eine Zelle über, welche einen grossen ovalen Kern enthält, so dass ein Theil der Balken nichts weiter darstellt, als die Ausläufer sternförmiger, oder mehrstrahliger Zellen. Ausser an den Knotenpunkten fand *Heidenhain* auch grosse ovale Kerne im Verlaufe einzelner Balken eingelagert, so dass also hier Spindelzellen vorkommen. Daneben (sicher aber irrthümlich) will er in die Balken eingebettet noch eine zweite kleinere, im Habitus den Lymphzellen gleichende Zellenformation getroffen haben. Das Anlegen und Verschmelzen der Balkenfasern mit der Aussenfläche der Capillaren wurde erkannt, dagegen aber in Folge eines Beobachtungsfehlers die Communication hohler Balkenfasern mit dem Innenraum der Haargefässe behauptet. Ueber Lymphbahnen der *Peyer*'schen Follikel enthält die *Heidenhain*'sche Arbeit nichts.

Auf *Eckard*'s Angaben (*Virchow's* Archiv. Bd. 17. S. 171), dass das Balkengerüste der *Peyer*'schen Follikel ein elastisches Fasernetzwerk sei, einzutreten, halten wir nicht der Mühe werth.

Gehen wir jetzt zu den ausführlichen Untersuchungen über, welche vor einigen Jahren ein höchst verdienter Beobachter, *Henle* nämlich[2]), mitgetheilt hat.

Derselbe spricht sich im Eingang seines Aufsatzes gegen die Identificirung der Solitär- und *Peyer*'schen Drüsen, der linsenförmigen Magendrüschen, der Milzkörperchen, der Balgdrüsen der Zungenwurzel, der

---

[1] *Reichert's* und *Du Bois-Reymond's* Archiv. 1859. S. 460.

[2] Zur Anatomie der geschlossenen (lenticulären) Drüsen oder Follikel der Lymphdrüsen. In seiner und *Pfeufer's* Zeitschrift für rationelle Medicin. 3. Reihe. Bd. 8. S. 201. (Separatabdruck).

Tonsillen, Thymus und Trachomdrüsen mit Lymphdrüsen aus. Sei auch die Structur eine vielfach verwandte, die einzig sichere Thatsache in der Anatomie der Lymphdrüsen selbst, die Existenz zu- und abführender Lymphgefässe sei für die übrigen Glieder der Gruppe unerwiesen. Für die *Peyer*'schen Drüsen sei selbst die Gegenwart abführender Gefässe noch nicht zweifellos dargethan. Habe doch *Hyrtl*, als er die Darmlymphgefässe grosser Vögel vollständig injicirt, niemals ein Gefäss zu oder von einem Follikel kommen gesehen. Auch die Annahme einer Erzeugung von Lymphkörperchen im Innern jener Gebilde und eines nachherigen Ueberganges in den Lymph- und Chylusstrom erscheint ihm bedenklich. Müssten doch diejenigen Organe erst noch entdeckt werden, in welchen die Lymphkörperchen sich bilden, die in der von der äusseren Haut und von »glatten« Schleimhäuten stammenden Lymphe enthalten sind, oder es müsste doch wenigstens nachgewiesen werden, dass die Lymphgefässe, welche in der Gegend geschlossener Drüsen ihren Ursprung nehmen, eine an Körperchen überwiegend reiche Lymphe führten.

Die ganze Gruppe, für welche der ältere Name der »conglobirten« Drüsen von *Henle* wieder hergestellt wird, besteht in ihren einzelnen Gebilden aus einem netzförmigen, von Gefässen durchsetzten Bindegewebe, in dessen Maschen kuglige Körperchen, durch ein mehr oder minder zähflüssiges Bindemittel zusammengehalten, infiltrirt sind. Die Balken des Bindegewebenetzes sind von wechselnder Stärke, die Maschen mehr oder minder eng, mehr oder minder regelmässig; unter Umständen wird das Netz an der Peripherie eines kugelförmigen Klumpens der Körperchen zu einer Membran, einer Art Kapsel, zusammengedrängt, welche trotz ihrer Spalten dicht genug ist, den zähen Inhalt zurückzuhalten. Eine structurlose, der Tunica propria acinöser Drüsen vergleichbare Kapsel existirt nirgends; der Anschein einer solchen entsteht nur dadurch, dass der aus Lücken und Rissen der bindegewebigen Umhüllung hervorquellende Inhalt, in Berührung mit Wasser, an der Oberfläche gerinnt. Der zellige Charakter der Knotenpunkte des Balkennetzes wird für die ganze Gruppe der Organe noch von *Henle* in Abrede gestellt. Zu der bekannten *Leydig*'schen Annahme, dass das Gerüste der conglobirten Drüsen die aufgefaserte Bindegewebshaut der Gefässe sei, bemerkt der Verfasser, sie passe für manche Fälle und insbesondere auf die *Malpighi*'schen Körperchen der Milz. Aber die Bindegewebshaut der Gefässe habe vor anderm lockeren Bindegewebe nichts voraus und auch andere Netze könnten durch Einlagerung jener an Lymphkörperchen erinnernden Zellen zu conglobirten Drüsen werden. Dem die conglobirte Drüse durchziehenden Netzgerüste spricht *Henle* den zelligen Charakter ab. Der vermeintliche Kern der Knotenpunkte soll seiner Meinung nach nichts anderes sein, als der kreisrunde oder elliptische Querschnitt, der aus dem Netze senkrecht gegen das Auge des Beobachters aufsteigenden Bindegewebsbündel und Capillargefässe; der Anschein eines Kernkörperchens möge gelegentlich von Unebenheiten der Schnittfläche, von elastischen, durch die Axe der Bindegewebsbündel verlaufenden Fasern, von irgend einem Inhalte der Gefässe und dergl. veranlasst sein.

Schon an einem anderen Orte, bei Gelegenheit unserer Untersuchungen über die Lymphdrüsen, haben wir das Irrthümliche dieser Deutung hervorgehoben, wesshalb es überflüssig erscheinen muss, nochmals darauf zurückzukommen. Nur die Bemerkung mag hier noch ihre Stelle finden, dass eine vorsichtige Carmintinction die sichersten und schönsten Ansichten der Kerne und der zelligen Beschaffenheit vieler Knotenpunkte gewährt.

Als günstigstes Object zur Beobachtung der conglobirten Drüsen werden von *Henle* die Trachomdrüsen empfohlen und zwar beim Schaf und Schwein. In ihrer näheren Umgebung kommen im Bindegewebe lymphzellenähnliche Körperchen vor, zwar noch nicht so zahlreich, um dem Bindegewebe den Charakter eines Maschengewebes zu verleihen, aber doch auffallend genug, um als wesentlicher Bestandtheil der Schleimhaut zu erscheinen. Nach der Art des Schnittes erscheinen bei Essigsäurezusatz diese Körperchen entweder in unregelmässigen Längsreihen angeordnet, oder in Zwischenräumen kreisförmiger Querschnitte der gequollenen Bündel zusammengepresst. Das, was man gewöhnlich Follikel zu nennen pflegt, d. h. die massenhaften, die Schleimhaut hervorwölbenden, dem unbewaffneten Auge auffälligen Anhäufungen von Körperchen, sieht man bisweilen schon ohne weiteres von dem Balkennetze durchsetzt; in anderen wird letzteres erst nach Anwendung verdünnter Kalilauge sichtbar und wieder andere entbehren in einem grösseren oder kleineren Theile des Centrums jeder bindegewebigen Grundlage und bestehen hier nur aus Körperchen und sparsamen Blutgefässen. Den Follikel umgiebt in der Regel ein Rayon von entschieden netzförmigem Bindegewebe, aus deutlich faserigen, im ungezerrten Zustande deutlich wellenförmig geschwungenen Bälkchen, welche sich nach aussen an compacte Bindegewebszüge anlehnen und gegen den Follikel allmählich verfeinern; doch kommen hierin manche Verschiedenheiten vor. Das peripherische Netz ist nach der einen oder andern Seite unvollkommen, so dass Follikel zusammenfliessen oder gegen die Oberfläche bis an's Epithelium oder in die Tiefe bis zur sogenannten Nervea reichen. Einmal sah *Henle* das peripherische Netz durch eine Schicht heller Drüsensubstanz in zwei concentrische Schichten getheilt. — Die Mächtigkeit des peripherischen Netzes steht in keinem bestimmten Verhältniss zum Durchmesser der Follikel. Auch sind es nicht ausschliesslich die grössten Follikel, deren Centrum von Bindegewebe frei ist. Die Art aber, wie die Bindegewebsbalken sich gegen das Centrum des Follikels verdünnen und schliesslich verlieren, während in derselben Richtung die Maschen sich vergrössern und endlich zusammenfliessen, macht es wahrscheinlich, dass die Balken durch Füllung der Maschen gedehnt und durch äusserste Dehnung atrophisch werden. Wie die Zunahme der Körperchen erfolgt, ob durch Zeugung von den vorhandenen aus oder durch neue Zufuhr, lässt *Henle* grundsätzlich unerörtert.

Wir haben diese Stelle ihrer Bedeutung halber genau wiedergegeben. Eine Zeichnung zeigt daneben noch die unteren Theile der Follikel von Hohlgängen theilweise umgeben, welche unserer Ansicht nach die lymphatischen Umhüllungsräume der Trachomdrüsen sein dürften[1]).

»Aber um dem Begriff zu entsprechen, den man mit dem Namen »Follikel« zu verbinden pflegt, fährt *Henle* fort, fehlt den conglobirten Drüsen noch mehr als der Balg; auch die kuglige, sackförmige Begrenzung ist nur eine Zufälligkeit, durch besondere Structurverhältnisse des infiltrirten Gewebes veranlasst, nicht allgemein und nicht einmal so häufig, als es den Anschein hat. Die Abtheilung in Kugeln ist oft nur auf die Oberfläche beschränkt, während in der Tiefe die conglobirte Substanz zusammenfliesst und sich ganz unregelmässig gegen die Umgebung absetzt. Nicht selten sind es cylindrische, oder nach Art der Hirnoberfläche unregelmässig gewundene Massen, die in gewissen Durchschnitten als Kreise erscheinen. Dass die sogenannten Follikel der *Peyer*'schen Drüsen sich an ihrer unteren, der Nervea zugekehrten Fläche undeutlich begrenzt in das Bindegewebe verlieren, hat bereits *Ernst* angegeben und *Brücke* und ich haben es bestätigt«[2]).

In der Frage, was dem hüllenlosen Follikel der conglobirten Drüsen die Kugelgestalt verleiht, bemerkt der Verfasser Folgendes:

»Man könnte die Form der Gruppen von der Tendenz der Körperchen, sich nach gewissen Richtungen zu theilen und zu vermehren, ableiten, wenn nur überhaupt die Vermehrung der Körperchen durch Theilung gesicherter wäre. Das Wahrscheinlichste ist, dass die Structur des Gewebes, in welches die Ablagerung stattfindet, die Art der Gruppirung der Körperchen bestimmt und insbesondere, dass die in gewissen Abständen zur Oberfläche verlaufenden Gefässstämmchen nebst den stärkeren Bindegewebssträngen, von welchen sie begleitet werden, die Drüsenmasse in einzelne follikelähnliche Abtheilungen scheiden.«

Zur weiteren Orientirung ist ein verticaler Durchschnitt des Blinddarms des Kaninchens am Rande einer *Peyer*'schen Drüse gezeichnet, um darzuthun, wie gerade diejenigen Stellen der Nervea zur Infiltration benutzt und von derselben ausgefüllt werden, welchen die Schleimhaut lockerer adhärirt und über welchen sie sich bei den Verkürzungen der Muskelhaut faltet. — Wir werden sehen, wie manches Treffende diese An-

---

[1]) Eine Vermuthung, welche sich nachträglich durch unsere Injectionen der Trachomdrüsen bewährt hat. (S. Vierteljahrsschrift der naturf Ges. in Zürich, Bd. 7).

[2]) Auch die Untersuchungen von *Basslinger* (Wiener Sitzungsberichte Bd. 13. S. 536) ergeben für die *Peyer*'schen Drüsen der Vögel ein ähnliches Resultat. Nur nach unten, gegen die Muscularis hin, haben sie eine scharfe Grenze. Nach oben zwischen den Schlauchdrüsen breiten sie sich bedeutend aus und gehen hier ohne scharfe Grenze in die Substanz der Zotten über. — Spätere Angaben (Zeitschrift f. wissensch. Zoologie Bd. IX. S. 299) erweitern Einiges.

gaben *Henle's* auch für die *Peyer'*schen Follikel enthalten und wie richtig ein später folgender Ausspruch des Verfassers ist »Haben wir den Charakter dieser eigenthümlichen Art von Drüsenparenchym richtig gedeutet, so gehört dazu ein infiltrirbares Bindegewebe und eine infiltrirbare Substanz.«

Kurze Zeit nach dem Erscheinen der *Henle'*schen Untersuchung veröffentlichte *His* seine gehaltvolle Arbeit über die zum Lymphsystem gehörigen Drüsen [1]). Aus ihr heben wir die für unsere Organe wichtigeren Ergebnisse hervor.

Zwischen den Capillaren der Follikel ausgespannt kommt bei allen, den Lymphdrüsen verwandten Organen ein äusserst dichtes, dabei sehr zartes Netzwerk vor, welches, wenn auch nicht ausschliesslich, doch überwiegend durch vielfach verzweigte und miteinander anastomosirende Zellen gebildet wird und in seinen Maschen Lymphkörperchen beherbergt.

Die Elemente des Gerüstes sind Zellen mit einem meist ovalen, zuweilen auch mehr rundlich granulirten Kern (von $0{,}003 - 0{,}0035'''$ Breite und $0{,}004 - 0{,}006'''$ Länge). Diese Zellen besitzen einen nur schwach entwickelten, in der Regel fast ganz vom Kern erfüllten Zellkörper, von dem aus nach verschiedenen Seiten hin 4—8 Ausläufer ausstrahlen; diese sind sehr fein, haben meist nicht mehr als $0{,}0002 - 0{,}0003'''$ Durchmesser; sie verzweigen sich dichotomisch und pflegen schon untereinander, noch mehr aber mit denen benachbarter Zellen sich zu verbinden. Nicht selten gelingt es, die Zellen sammt ihren länger oder kürzer erscheinenden Ausläufern isolirt zu erhalten. Man kann sich dann überzeugen, dass die Kerne nicht etwa bloss zwischen den Maschen des Fadennetzes, sondern in einem besonderen Zellkörper eingebettet sind. Diesen Ausspruch erhärtet dann der Verfasser durch die schöne Abbildung einer derartigen, durch Pinseln isolirten Gerüstzelle aus dem *Peyer'*schen Follikel eines Kaninchens.

Die schon mehrfach von anderer Seite ventilirte Frage über das Verhältniss der Haargefässe zu den Fasern und Zellen des Balkennetzes erläutert *His* richtig dahin, dass die Capillaren eine Art von Adventitia durch die Zellen und ihre Ausläufer oder auch durch eine sehr dünne Bindegewebeschicht besitzen und dass diese Adventitia, nicht aber der Hohlraum des Blutgefässes es ist, welche die Verbindung des Gefässes mit den Trabekeln des Drüsenstroma's vermittelt.

Im Jahre 1860 theilte *W. Krause*[2]) Untersuchungen über die *Peyer'*schen Drüsen mit. Er konnte die Angaben *Basslinger'*s im Allgemeinen für die Gans bestätigen. Es gelang ihm durch Auspinseln erhärteter Follikel bei diesem Thiere ein den Säugern ähnliches, nur feineres und engmaschigeres Balkennetzwerk nachzuweisen. Die Communicationen von Follikeln unter einander sah er beim Menschen, ebenso eine unvoll-

[1]) In der Zeitschrift f. wissensch. Zoologie Bd. X. S. 333.
[2]) Anatomische Untersuchungen. Hannover 1861. S. 136.

ständige Begrenzung derselben. An Solitärfollikeln fand der Verfasser die Inhaltsmasse in die Substanz einer Zotte sich fortsetzend, was man passend als Lymphinfiltration in das Gewebe derselben bezeichnen könnte; Aehnliches boten das Schwein und Kaninchen dar. »Ueberall aber«, fährt *Krause* fort, »ist die grosse Mehrzahl der Follikel rund und völlig geschlossen, woraus sich die bestehenden Controversen hinreichend erklären lassen dürften«.

An Injectionspräparaten sah *Krause* das Capillarnetz des *Peyer*'schen Follikels continuirlich durch diesen sich erstrecken. Von Schlingen (die wir, beiläufig bemerkt, niemals angenommen haben) konnte er nichts bemerken. Ebenso überzeugte er sich von der Abwesenheit einer besonderen, den Follikel abschliessenden Kapsel. In den Fasern des Balkennetzes fand der Verfasser wenigstens sparsame Kerne eingelagert. Endlich konnte er die früher erwähnten Angaben von *Brücke* und *Kölliker* über die Anfüllung der *Peyer*'schen Haufen mit Chylusmolekülen bei saugenden Thieren bestätigen.

Die bisher erwähnten zahlreichen Untersuchungen haben über die *Peyer*'schen Drüsen zahlreiche und wichtige, die Textur des Organes betreffende Thatsachen gebracht. Wie ein rother Faden zieht sich aber durch alle die Unkenntniss der Lymphbahnen hindurch. Ohne die Bahnen in den Lymphdrüsen zu kennen, musste der *Peyer*'sche Follikel ein unverständliches Gebilde bleiben.

Nachdem für die Lymphknoten der »belebende« Strom gefunden war, erhielten wir die ersten Injectionsstudien für die *Peyer*'schen Drüsen durch *Teichmann*[1]). Ist auch hier noch Einzelnes lückenhaft geblieben, ihm gebührt das Verdienst, die Lymphbahn der uns hier beschäftigenden Organe zuerst ermittelt zu haben. Gehen wir desshalb zur Erörterung seiner Beobachtungen über.

Im Anfange der Darstellung giebt der Verfasser zunächst zu, dass *Brücke* mit vollem Rechte wenigstens das Gewebe der Lymphdrüsen und der *Peyer*'schen Follikel für identisch nehmen durfte. Allein in der Uebereinstimmung dieser Gewebe liege noch kein Beweis, dass die *Peyer*'schen Drüsen wirklich Lymphknoten seien; wenigstens müsste man, wollte man beide Organe gleich stellen, an den *Peyer*'schen Drüsen die Vasa efferentia nachweisen. Dieses sei *Brücke* jedoch nicht geglückt. Die Bindegewebstränge seien keine ausführenden Gefässe; ebenso habe *Hyrtl* für die Vögel bei seinen Injectionsversuchen keinen Zusammenhang zwischen Chylusgefässen und *Peyer*'schen Drüsen erhalten. Indessen sei die *Brücke*'sche Ansicht auch dann noch festgehalten worden, da die Blutgefässe und das Netzgerüste beider Organe als gleich angesprochen seien; bei der Unkenntniss der Lymphbahnen musste indessen jene Auffassung nur eine Hypothese bleiben. *Teichmann* behauptet, diese Hypothese sei unrichtig, denn die vollständigsten Injectionen der Chylusge-

1) In dessen bekanntem Werke, S. 88.

fässe, welche er in zahlloser Menge im Darme des Menschen und der verschiedenen Säugethiere ausgeführt habe, wiesen auf das Entschiedenste nach, dass die *Peyer*'schen Drüsen und solitären Follikel keine Chylusgefässe besässen und dass weder die einen noch die anderen mit diesen Gefässen in irgend einer Verbindung oder einem Zusammenhang stehen. Das Einzige, was man finde, sei, dass an den Stellen, wo die *Peyer*'schen Drüsen oder solitären Follikel vorkommen, die Regelmässigkeit im Verlauf der angrenzenden Chylusgefässnetze des Darms durch sie gestört werde. Die Grösse der Störung hänge aber von der Anzahl und Grösse der einzelnen Follikel ab; sie könne somit nicht allein im Darme der verschiedenen Thiere, sondern auch im Darm eines und desselben Individuums eine verschiedene sein.

Kleine Follikel besitze der Dünndarm des Schafs und darum sei die oben erwähnte Störung des Verlaufes auch nur eine geringe; sie treffe entweder allein die oberflächliche Schicht, welche nach aussen gedrängt und zurückgeschoben werde, oder das ganze Chylusgefässnetz, welches dann an der Stelle, wo ein Follikel liege, seiner ganzen Dicke nach eine Lücke erhalte, wie Querschnitte und mit Terpentinöl durchsichtig gemachte Präparate leicht lehren, wo dann die Stelle des Follikels eine gefässfreie Lücke bilde. Beim Kalbe dagegen, in dessen Dünndarm die gedrängt stehenden *Peyer*'schen Follikel häufig grosse Flächen einnähmen, wo die einzelnen Follikel nicht allein neben-, sondern auch aufeinander (?) lägen, wo ferner die Drüsen von der Darmhöhle weiter entfernt seien, als im Darme des Menschen, des Hammels und zahlreicher anderer Thiere, und desshalb überall eine Bedeckung von Darmzotten führten, zeige auch das Chylusgefässnetz ein anderes Verhalten als bei den übrigen, von dem Verfasser untersuchten Thieren. Das Auffallendste aber sei hier, dass die Chylusgefässcapillaren, von ihrem Ursprunge in den Zotten an bis zu den mit Klappen versehenen Stämmen in Folge der durch die Anhäufung der Drüsen hervorgerufenen Circulationsstörungen in bedeutendem Grade erweitert seien. — In ihrem Verlaufe verhalten sich nach *Teichmann* die Gefässe folgendermaassen: »Nachdem sie die Darmzotten verlassen und die oberflächliche Schicht des Netzes in der Schleimhaut gebildet haben, treten sie als dünne Aeste durch den *Brücke*'schen Muskel und begegnen nun erst unterhalb desselben den angehäuften *Peyer*'schen Drüsen. Hier zerfallen sie nun wiederum in ein Netz und umgeben als solches die einzelnen Follikel; an der nach aussen gewandten Seite angelangt, sammeln sie sich sogleich zu grösseren Stämmen, zwischen welchen dann die mit Klappen versehenen Gefässe entstehen. Erwähnenswerth ist noch, dass beim Kalbe die zwischen den nahe beieinander liegenden Follikeln verlaufenden Gefässe so breit und flach gedrückt sind, dass die Chylusgefässnetze den Charakter der Gefässe verlieren; die Injectionsmasse dringt in solche Netze leicht ein, und um so sicherer kann man desshalb auch nachweisen, dass sie in die Follikel nicht hineingehen«.

Auch beim Menschen zeige das schwierig zu gewinnende Injectionspräparat das Netz der dünnen Chylusgefässe durch den Peyer'schen Follikel nach aussen hin verdrängt. Selbst im Dickdarm des Menschen verhalte sich um die solitären Follikel das Gefässnetz ähnlich.

»Ich weiss recht wohl«, schliesst *Teichmann* seinen Aufsatz, »dass dieser anatomische Satz der gegenwärtigen Lehre über die Peyer'schen Follikel schroff gegenübersteht, und dass dadurch nur eine Verlegenheit für die Physiologie bereitet wird, da sie von Neuem die Frage nach der Natur und Bedeutung der Follikel stellen muss. Allein für die Anatomie ist das gleichgültig, sobald der Fund ein feststehendes Factum ist: und dass ich das von meinen hier gemachten Mittheilungen mit Recht behaupten darf, wird der Augenschein weniger Präparate, sei es vom Menschen, sei es von den erwähnten Thieren darthun, hoffentlich schon die Ansicht beigefügter Abbildungen«.

Wir werden in dem Folgenden finden, dass *Teichmann* allerdings Vieles richtig gesehen, sich aber in der Deutung wesentlich geirrt hat. Wäre er nicht von unrichtigen Anschauungen über die Lymphknoten befangen gewesen, hätte er seine Injectionspräparate im feuchten Zustande histologisch gründlicher ausgebeutet, er hätte nicht das schöne Parallelverhältniss zwischen Lymphdrüsen und Peyer'schen Follikeln so total zu verkennen vermocht, als es ihm leider begegnet ist. Uns war es wenigstens schon bei unserer ersten Einspritzung verständlich und die erfreuliche Bestätigung der über den Lymphdrüsenstrom früher publicirten Darstellungen gewährend.

Schon *His*, welcher bald in einer neuen Arbeit[1]) die Materie wieder aufnahm, kam hier unserer Ansicht nach zur Ermittelung des wahren Verhaltens. Zu seinen Untersuchungen gehen wir darum über.

»Untersucht man feine Querschnitte Peyer'scher Drüsen«, sagt *His* im Eingange seines Aufsatzes, »so begegnet man häufig Bildern, aus denen hervorgeht, dass die in den Interstitien zwischen den Follikeln befindlichen Gewebsstränge aus einer Substanz bestehen können, die in allen wesentlichen Punkten mit der Follikularsubstanz selbst übereinstimmt. Es können nämlich jene interfollikulären Schleimhautpartieen wie die Follikel aus einem gefässtragenden, von Lymphkörperchen reichlich durchsetzten Netzwerk feiner Bälkchen sich aufbauen. — Diese Thatsachen in Verbindung gebracht mit manchen andern, gelegentlich gemachten Beobachtungen haben schon seit geraumer Zeit in mir die Vermuthung erweckt, dass wohl am Ende die ganze Darmschleimhaut, soweit sie nicht absondernde Drüsen enthält, aus einer Substanz bestehe, die die Bedeutung der Lymphdrüsensubstanz besitze; demnach würden die Follikel natürlich nicht mehr als Bildungen eigener Art zu betrachten sein, sondern

---

[1]) Untersuchungen über den Bau der Peyer'schen Drüsen und der Darmschleimhaut. Leipzig 1862. (Separatabdruck aus Bd. XI. Heft 4 der Zeitschrift f. wissensch. Zoologie).

als stärkere Entwickelung eines durch den ganzen Darm verbreiteten Bestandtheiles der Schleimhaut.«

Schon in einer früheren, die Lymphbahnen des Dünndarmes behandelnden Arbeit hat der Schreiber dieser Blätter die von *His* aufgeworfene Frage nach seinen Erfahrungen ventilirt, so dass es überflüssig wäre, hier nochmals auf den Gegenstand zurückzukommen.

Da die *His*'schen Angaben der *Peyer*'schen Drüsen aus einer Reihe Einzelbeobachtungen und Beschreibungen bestehen, so halten wir es am zweckmässigsten, hier zunächst nur die für das Kalb gefundenen Ergebnisse vorauszuschicken, um dem Leser so eine Vorstellung der *His*'schen Auffassung zu verschaffen, und werden später bei unseren eigenen Specialbeobachtungen auf jene des Basler Forschers im Detail zurückkommen.

Die mächtigen *Peyer*'schen Haufen, welche als lange Bänder das Ileum des Kalbes einnehmen, zeigen auf feinen Verticalschnitten unterhalb der ziemlich dicht stehenden Darmzotten die Schicht der *Lieberkühn*'schen Drüsen und von letzterer bedeckt eine sehr mächtige, ungefähr 1''' starke Lage der Follikel. Unter der Follikelschicht folgt erst die Muscularis mucosae. Die Follikel zeigen längliche Formen, mit ihrer grossen Axe senkrecht zur Schleimhaut stehend; oftmals kommen an ihren oberen und unteren Theilen flaschenförmige Verschmälerungen vor; hier und da sieht man auch, wie ein Follikel sich in zwei Abtheilungen zerspaltet, oder wie zwei benachbarte Follikel miteinander verschmelzen. Nach abwärts sitzen jene der Mucularis mucosae entweder unmittelbar auf oder sind durch längere spaltenartige Räume von einander getrennt. Ist letzteres der Fall, so bemerkt man, wie von Strecke zu Strecke gefässtragende Stränge an den Follikel herantreten und mit dessen Gewebe verschmelzen. (Vergl. die oben erwähnten Angaben *Brücke*'s).

Nach einwärts gegen die Follikellage ist die Begrenzung der Follikel keineswegs scharf, (wenn nicht anders die Follikelkuppe, nur von Epithelium bekleidet, frei in die Darmhöhle einspringt), sondern es verlieren sich jene ohne bestimmte Grenze in das benachbarte Gewebe. Durch das follikuläre Stratum herauf erscheinen die einzelnen Follikel (abgesehen von Verschmelzungen) ebenfalls durch spaltartige Räume von einander abgetrennt, welche ihrerseits meist der Länge nach von fibrösen Balken durchsetzt werden, die nach oben mit der Drüsenschicht und der Muscularis mucosae zusammenhängen.

In jenen Balken verlaufen von der Nervea kommende stärkere Blutgefässstämmchen (Arterien wie Venen), welche meistens bis zur Drüsenschicht gehen und hier erst, ebenso in den darüber befindlichen Darmzotten ihre capillare Ausbreitung finden. Zum Theil jedoch legt sich die Scheidewand streckenweise an den Follikel an, mit ihm hier verschmelzend, und an solchen Localitäten gelangen dann Blutgefässe jener in den Follikel selbst. Daselbst sollen sie im Allgemeinen so sich verbreiten, dass die von unten oder von den Seiten her eingetretenen Gefässstümmchen an der Peripherie bleiben und ihre Capillarzweige gegen das Centrum des Follikels hin senden; bevor sie jedoch dieses erreicht haben, sollen die Haargefässe schlingenförmig umzubiegen pflegen (wie namentlich der Querschnitt lehrt). Man hat daher einen innersten gefässlosen Theil des Follikels; hier ist auch das Reticulum unvollständig entwickelt oder geradezu fehlend. Dieser Raum entspricht nach *His* bis auf einen gewissen Grad seinen Vacuolen der Lymphknoten, obwohl er nie so scharf gegen die Peripherie sich absetze als bei letzteren.

Die Spalten zwischen und um die Follikel ergeben sich bei der subcutanen Injection als Chylusbahnen, denn es füllen sich Darmzotten, absteigende Bahnen zwischen den *Lieberkühn*'schen Drüsen, jene interfollikulären Spalträume und die Chylusgefässstämmchen der Submucosa. Wo *Teichmann* also hier Gefässe angenommen hat, da sieht *His* — und fügen wir gleich hinzu mit vollem Rechte — Lücken der Mucosa.

Führt man etwa in halber Höhe einen Flächenschnitt durch das folliculäre Stratum, so gewinnt man die entsprechenden Bilder; ein fibröses Fachwerk beherbergt in seiner Masche den Follikel, hier und da in sein Gewebe strangartig sich fortsetzend, und zwischen Follikel und Scheidewand finden sich die kreisförmigen Spalträume, die Behälter der Injectionsmasse und des Chylus.

Die letzteren versieht *His* mit dem Namen der »Schleimhautsinus« und erkennt mit Recht die Verwandtschaft zwischen Lymphknoten und *Peyer*'schen Haufen.

Das Netzgerüste des Follikels ist beim Kalb vorzugsweise aus verzweigten Zellen bestehend, ähnlich denen der Thymus.

Wie verhalten sich aber die Follikel nach aufwärts gegen die Schicht der *Lieberkühn*'schen Drüsen und nach abwärts zur Muscularis mucosae?

Ein Horizontalschnitt der Mucosa, welcher unterhalb der Zottenbasen gewonnen wurde, zeigt *His* ein System netzförmiger, Gefässe und Schlauchdrüsen führender Schleimhautfalten, welches rundliche, $1/16 - 1/8'''$ messende Lücken einfriedigt. Aus dem Grunde des rundlichen Raumes erhebt sich je eine Follikelkuppe. Inmitten der Schleimhautfalten erscheinen die Chylusbahnen als längliche Spalten, die wenn auch vielfach durch Substanzbrücken unterbrochen, als ein System communicirender Gänge angesehen werden müssen. Successiv tiefer geführte Flächenschnitte zeigen zuerst die mit Epithel bekleidete Kuppe des Follikels im rundlichen Raum. An einer Seite hängt dieselbe mit dem drüsenbeherbergenden Schleimhautgewebe durch eine Substanzbrücke zusammen, welche den Blutgefässen als Eingangspforte dient. Hat man den Schnitt etwas tiefer geführt, so erscheint der Querschnitt des Follikels grösser und die Verbindung desselben mit dem angrenzenden Schleimhautgewebe eine allseitigere. Man findet nämlich denselben nunmehr von einem Kranze *Lieberkühn*'scher Drüsen eingefasst, zwischen denen ebensoviele gefässtragende Brücken zur übrigen Schleimhaut hindurchtreten. Die Chylusbahnen liegen in dieser Höhe noch nicht dem *Peyer*'schen Follikel selbst an, sondern erscheinen in den Streifen drüsentragender Schleimhautsubstanz, welche zwischen den Follikeln getroffen wird. Das Gewebe des Follikels geht an den obenerwähnten Verbindungsstellen continuirlich in das der Mucosa unter Bewahrung des gleichen Charakters und der Lymphkörpercheninfiltration über, es ist »adenoides« Gewebe.

Hat man endlich durch die untere Grenze des Follikelstratum und die Submucosa einen etwas schrägen Flächenschnitt geführt, so bemerkt man einmal noch den kreisförmigen, den Follikelgrund umziehenden Chylussinus und dann die dendritisch verzweigten klappenführenden Chylusgefässe der submucösen Lage. Die Verbindung der Schleimhautsinus mit den submucösen Gefässen geschieht nach *His* einfach in der Weise, dass Ausläufer der ersteren durch die Muscularis mucosae in das submucöse Stratum treten und sofort vom umgebenden Bindegewebe eine schlauchartige Wandung erhalten. An feinen Schrägschnitten konnte der Verfasser nicht selten diesen Uebergang von Sinus in geschlossene Gefässe sehen.

Da bei andern Thieren von *His*, wenn auch nicht ganz die gleichen, doch wesentlich ähnliche und nahe verwandte Structurverhältnisse beobachtet worden sind, so kann das aus seiner Arbeit Angezogene vorläufig genügen, um uns seine Auffassung und die wesentliche Differenz gegenüber der *Teichmann*'schen Darstellung begreiflich zu machen.

Auch der neueste Schriftsteller über das Lymphgefässsystem, *v. Recklinghausen*[1]) hat einige Mittheilungen in Hinsicht der Darmfollikel gemacht.

Er untersuchte, ob den Darmfollikeln, die in neuerer Zeit bekannt gewordenen Structurverhältnisse der Lymphknotenfollikel ebenfalls zukommen.

Durch Injectionen von sehr schwacher Silberlösung mit Einführung der Canüle an dem Rande eines *Peyer*'schen Haufens des Kaninchendarms konnte er sich überzeugen, dass die Follikel wirklich zu den Lymphgefässen in enger Beziehung stehen, dass sie aber nicht, wie *Teichmann* und wahrscheinlich auch *Hyrtl* nachzuweisen versucht hatten, mehrere Lymphgefässe in das Innere aufnehmen, sondern dass je ein Follikel im Lumen eines stark dilatirten Knotenpunktes des Lymphgefässnetzes gelegen ist, ganz wie der Lymphdrüsenfollikel innerhalb des Lymphsinus. Es liess sich dieses um so leichter darthun, als auch hier das Epithel von den an dem Knotenpunkte zusammenkommenden vier bis fünf Lymphgefässen auf das Allerdeutlichste über den ganzen Follikel zu verfolgen war. Ob Stützfasern die Drüsensubstanz des Follikels mit der Epithel tragenden Wand verbinden, hat der Verfasser nicht untersucht, ebenso-

---

1) Die Lymphgefässe u. ihre Beziehung zum Bindegewebe. Berlin 1862. S. 87 u. 96.

wenig kann er mit Bestimmtheit behaupten, dass die Follikularsubstanz stets allseitig von der Lymphgefässwand getrennt ist; er glaubt vielmehr, dass hier ebenso partielle Verwachsungen vorkommen können, wie bei den Follikeln der Lymphdrüsen. Die Erfahrungen *Teichmann*'s und *Hyrtl*'s hält *Recklinghausen*, da sie negativer Natur sind, nicht das Gegentheil beweisend.

In Hinsicht auf die *His*'schen Angaben bemerkt *Recklinghausen*, dass seinen und *Teichmann*'schen Beobachtungen nach die Saugadern der Mucosa und Submucosa des Darmes, ebenso wie die der Schleimhäute an den übrigen Körpertheilen eine Röhrenform besässen und dass der *His*'sche Name »Sinus« nicht anwendbar sei. Ebenso stimmt er der Auffassung des Darmschleimhautgewebes als »adenoider« Substanz nicht bei, wenngleich er zugiebt, dass zwischen Schleimhaut- und Follikelgewebe nur ein gradueller Unterschied existire. — Es ist diese Materie von uns in früheren Abhandlungen in dieser Zeitschrift ausführlich schon erörtert worden.

Während des Schreibens dieses Aufsatzes kam uns endlich noch ein neuer Aufsatz von *His*[1]) zur Ansicht. Der Verfasser behandelt hier das Verhältniss, in dem die Wurzelröhren des Lymphgefässsystemes zu den Geweben, aus welchen sie beginnen, stehen. Als Hauptergebniss seiner Untersuchungen stellt er das Resultat hin, dass die ersten Wurzeln des Systemes durchweg der eigenen isolirbaren Wand entbehren. »Es sind Canäle in das Bindegewebe der Cutis, der Schleimhaut etc. eingegraben, die, um es mit gröberen Bildern zu veranschaulichen, sich zu ihrer Umgebung nicht anders verhalten, als etwa ein unausgemauerter Tunnel zum umgebenden Gestein oder ein glattes Bohrloch zu dem Brett, durch dass es geführt ist. Mag auch in dieser oder jener Richtung das Gewebe in der unmittelbaren Umgebung des Lymphcanales etwas verdichtet sein, so ändert das durchaus nichts an der allgemeinen Thatsache, denn eine solche Verdichtung führt, soweit ich wenigstens gesehen habe, innerhalb des Bereiches der Lymphwurzel nirgends zu einer besonderen, von der Umgebung schärfer sich sondernden Schicht.«

Einen Zusammenhang der Lymphbahnen mit den Hohlräumen von Bindegewebskörperchen konnte *His* nirgends gewinnen. Sollte ein solcher irgendwo vorkommen, eine Möglichkeit, welche *His* nicht in Abrede stellen will, so ist er jedenfalls nicht ein allgemeiner, so dass von einem gesetzmässigen derartigen Ursprung nicht die Rede sein kann. Eine Möglichkeit der Aufnahme von Eiter- und Krebszellen in die Lymphe kann nach der Ansicht von *His* von vornherein nicht mehr geläugnet werden Es wird nämlich bei dem Verhältnisse, in welchem die Lymphgefäss-

---

[1]) Ueber die Wurzeln der Lymphgefässe in den Häuten des Körpers und über die Theorie der Lymphbildung. Zeitschrift für wissenschaftliche Zoologie, Bd. 12. Heft 2. S. 223.

wurzeln bindegewebiger Theile zu ihrer nächsten Umgebung stehen, wahrscheinlich, dass die Abkömmlinge wuchernder Bindegewebszellen sehr leicht in die Lymphwurzelröhren hinein entleert und von da weiter fortgeführt werden können. In einem bindegewebigen Theile, der von Lymphwurzeln durchzogen ist, wird ebenfalls sehr leicht bei stärkerer Vascularisation des Gewebes, bei Rarefaction der faserigen Bestandtheile und reichlicherer Bildung farbloser Zellen die accidentelle Lymphdrüsenbildung stattfinden können.

Hinsichtlich der von *Recklinghausen* behaupteten, die Lymphsinus bekleidenden Epithelien äussert sich *His* unsicher. Sollten sie wirklich in allen Lymphräumen constant vorkommen, so müssten sie eine sehr dünne Lage verkümmerter Zellen darstellen.

Eigene Untersuchungen der *Peyer'*schen Drüsen stellten wir in den Mussestunden des Sommers 1862 an, zunächst in der Absicht, über die Lymphbahn mit Hülfe der Injectionsspritze uns eine eigene Anschauung zu verschaffen. Die Structur der Follikel, ihre Blutgefässe wurden allmählich in den Kreis der Beobachtung gezogen und die Angaben der Vorgänger geprüft. Bald stellte es sich uns wünschbar heraus, den Kreis der Beobachtungen zu verkleinern, da bei manchen Säugethierarten ohne die grösste Ausdauer kaum vollkommene Injectionspräparate gewonnen werden konnten und gerade diese unerlässlich erscheinen mussten. Dagegen gelang es uns, in häufig wiederholten Versuchen wenigstens für einige Thierformen zahlreich treffliche Untersuchungsobjecte zu gewinnen. Wir rechnen dahin das Kaninchen, das Meerschweinchen, die Katze, den Hund und das Kalb. Minder gelungen sind unsere Bemühungen beim Schaf und Schwein.

Die variablen Structurverhältnisse und namentlich die beträchtlichen Differenzen gestatten leider nur Detailbeschreibungen, wenn volles Verständniss erzielt werden soll. Der Leser möge daher die möglicherweise ermüdende Breite unserer Darstellung entschuldigen.

Im Dünndarm des Kaninchens finden sich durch weite Abstände, durch lange follikelfreie Strecken getrennt, in geringer Anzahl kleine *Peyer'*sche Haufen von länglich runder Form, einige Linien im grössten Durchmesser betragend und nach ihrem Ausmaasse eine zwar wechselnde, niemals aber beträchtliche Zahl der Einzelfollikel umschliessend. Die Ziffer der *Peyer'*schen Haufen nehmen für den Dünndarm des Kaninchens *Rudolphi* und *Meckel*[1]) auf 4—6 an, womit unsere eigenen Erfahrungen im Allgemeinen stimmen. Auch *Böhm*[2]) in seiner gediegenen, so viel schätzbares Material enthaltenden Dissertation erwähnt ihrer mit fol-

---

1) Vergl. dessen System der vergleichenden Anatomie. Bd. 4. Halle 1829. S. 638.
2) l. c. p. 45.

genden Worten: »Glandularum Peyerianarum numerus in intestinis tenuibus certioribus, quam in ceteris animantibus, circumscribitur finibus; inveniuntur in Lepore cuniculo quatuor ad sex; in Lepore timido octo ad decem; quae quum per totum ileum et jejunum dispersae sint, magnis inter se distant intervallis. Forma rotunda, magnitudo unguis pollicis. Singula corpuscula admodum sunt perspicua, earumque tanta est teneritas, ut non nisi levissimum tactum ferant, quin destruantur etc.« *His* in seiner Arbeit hat diese einfachste Form der betreffenden Organe beim Kaninchen gänzlich unbeachtet gelassen. Eine Abbildung eines solchen Haufens gaben wir schon vor einigen Jahren im Lehrbuch der Histologie Fig. 312 (S. 479); ebenso stammen die Figg. 314 und 315 (S. 480) gezeichneten Gefässinjectionen von der gleichen Localität.

Die Injection der Blutbahn gelingt an diesen *Peyer*'schen Haufen, wenn man will, sehr leicht oder schwer. Die grösseren Stämmchen, die Capillaren des zwischen den Follikeln gelegenen Schleimhautgewebes füllen sich leicht, ebenso ein Theil der dem Follikel selbst angehörigen Haargefässe. Schwierig dagegen ist es, die Blutbahn der letzteren vollständig und ohne Zerreissung zu füllen. Dass nur letztere Präparate in der Frage nach dem Verhalten der Capillaren im Follikelcentrum maassgebend sind, versteht sich von selbst. Geht man vorsichtig zu Werke und hat man einige Uebung in derartigen Proceduren erworben, so gelingt die Injection der Chylusbahnen dann auch und zwar so ziemlich an jedem Haufen, namentlich mit den von uns früher empfohlenen kaltflüssigen Massen.[1])

Untersucht man derartige, am besten in beiderlei Strombezirken erfüllte Präparate nach vorheriger Weingeisterhärtung an senkrechten Schnitten, so bemerkt man (Taf. IV, Fig. 9) bis an den Rand des Follikels der Schleimhaut den typischen Charakter unverändert in Darmzotten und Schlauchdrüsen (a) bewahrt, so dass Alles, was wir für diese Theile, ebenso ihre Chylus- und Blutbahnen in einem vorhergehenden Aufsatze bemerkt haben, unverändert für die den *Peyer*'schen Haufen begrenzende Schleimhautpartie seine Gültigkeit hat. Ohnehin kann dieses die Zeichnung noch weiter versinnlichen, wesshalb eine weitere Beschreibung überflüssig. Auch zwischen den einzelnen Follikeln im Innern des Haufens erscheinen die *Lieberkühn*'schen Schläuche, ebenso die Darmzotten, letztere jedoch (Fig. 9 *l, l*) modificirt. Oft höher, zeichnen sie sich häufig durch einen viel breiteren, nicht selten gespaltenen Spitzentheil aus, fliessen rasch nach abwärts zu Schleimhautwällen zusammen, welche in rundlicher Gestaltung die Wandbegrenzung einer Grube (die sogenannte »Vaginula« von *Böhm*) herstellen, aus deren Grund der Spitzentheil, die Kuppe des Follikels, sich hoch erhebt (c, c) An den Seitenflächen dieser Schleimhautwälle münden dann die *Lieberkühn*'schen

---

[1]) S. diese Zeitschrift, Bd XII. Heft 4. (S. 11 des Separatabdrucks.)

Drüsen, so dass feine Verticalschnitte häufig starke Schiefstellungen der Schläuche erkennen lassen. Nach abwärts verdünnen sich die Wälle, so dass ihr Verticalschnitt keilförmig erscheint. Diese Follikelpartieen bieten nach ihrer Höhe ziemlich geringe Variationen im Allgemeinen dar; andere dagegen schon etwas mehr in ihrem Quermesser und ziehen sich nach oben in eine bald schlankere und spitzere, bald flachere und rundliche Kuppe aus. Der Kuppentheil, ja oft die grössere, den Aequator überschreitende Hälfte des Follikels liegt in dieser Weise ganz frei und nackt, nur von dem Cylinderepithelium bekleidet, in der Grube. Der Epithelialüberzug zeigt auch hier einen verdickten, von sogenannten Porencanälchen durchzogenen Saum.

Weiter nach abwärts erfolgt die Verbindung des Follikels mit dem angrenzenden Schleimhautgewebe sowohl durch unmittelbaren Uebergang, als zunächst vermittelst strangartiger Brücken; sehr bald jedoch weiter nach abwärts in breiter continuirlicher, oftmals ziemlich hoher Schicht.

Benachbarte Follikel können mit ihren Grundtheilen aneinander dicht gedrängt liegen, so dass die verbindende follikuläre Substanz nach abwärts, d. h. gegen die Submucosa hin an der Stelle, wo der Follikelgrund hervortritt, einfach ihr Ende nimmt. Sind die unteren Follikelenden weiter von einander entfernt, so setzt sich zwischen ihnen das follikuläre Gewebe in Strängen von 0,025—0,05''' und mehr fort; bisweilen werden diese so mächtig, dass sie selbst einen Follikelgrundtheil nachahmen können.

Aus dem der Submucosa zugekehrten Fundus des Follikels treten nicht selten in ansehnlicher Breite faserige, mit Lymphzellen infiltrirte Fortsätze nach abwärts. Zufällig zeigen sie die beiden mittleren Follikel unserer Figur stark ausgebildet. Mit dem übrigen Theile seiner Peripherie liegt dagegen der Fundus frei, von der angrenzenden Schleimhaut durch einen bald engeren, bald weiteren Spaltraum geschieden. Diese Spalträume, von rother Injectionsmasse stark erfüllt und somit ihre Natur als lymphatische Behälter schon jetzt verrathend, giebt unsere Zeichnung (n). Man bemerkt ebenso an der (freilich nicht ganz ausgezeichneten) Blutgefässinjection, wie diese Brücken zum Eintritt der Blutgefässe dienen, ein Verhältniss, welches *His* zuerst richtig geschildert hat. Aehnliche Verbindungen gehen von den Seitentheilen aus benachbarte Follikel theils miteinander, theils mit den absteigenden Verlängerungen des verbindenden follikulären Gewebes ein.

Die Muscularis mucosae zeigt der senkrechte Schnitt hier unter dem Follikelgrund verlaufend.

Versuchen wir nun, uns einen Querschnitt zu bereiten, um an ihm das für die Verticalansicht gewonnene zu prüfen, so stellt sich Folgendes heraus.

Die Zotten-tragenden Wälle ergeben das gewöhnliche, dem Kaninchenddünndarm eigenthümliche Schleimhautgewebe mit ziemlich zahlreichen Einbettungen von Lymphzellen. Zwischendurch zeigen sich theils in Quer-, theils und häufiger in Schiefschnitten die Schlauchdrüsen, sowie wandungslose Bahnen von verschiedener Stärke und Form, die Chylus- oder Lymphwege. Hat man den Wall tiefer abwärts horizontal durchschnitten, so erhebt sich aus seinem Ringe ganz frei und unverbunden die Follikelkuppe mit Epithelialbeleg. Noch tiefere Flächenschnitte bieten ein ähnliches Bild; aber Stränge von verschiedener Zahl und Breite verbinden den Rand der Follikelpartie mit dem angrenzenden Wallgewebe. Ihre Textur ist die gleiche, wie sie der Follikel zeigt. Der histologische Uebergang in das Schleimhautgewebe tritt aber so unverkennbar hervor.

Weiter nach abwärts gewonnen zeigt der Flächenschnitt die Grenzen der Follikel verschwunden und zwischen ihnen in bald grösserer, bald geringer Mächtigkeit das verbindende folliculäre Gewebe, hinsichtlich seines Gerüstes und der Lymphzellen demjenigen des Follikels gleich. Quer- und Schiefschnitte zahlreicher lymphatischer Canäle umkreisen jedoch den eigentlichen Follikel, so dass er trotz seiner Verschmelzung mit dem Nachbargewebe zu erkennen ist. Weiter nach abwärts treten die Grundtheile des Follikels als kreisförmige, scharf von einander geschiedene Körper auf. Lymphatische Räume, bald enger, bald weiter, umgeben seltener als geschlossene Kreise, häufiger als Bogen von wechselnder Länge den Follikel. Verbindende Stränge von einem Follikel zum andern sind sehr gewöhnliche Vorkommnisse; ebenso Brücken zu einer tiefer herabgestiegenen Partie der verbindenden folliculären Schicht.

Ein sehr feiner vorsichtig ausgepinselter Querschnitt mit starker Vergrösserung durchmustert, zeigt die Richtigkeit der *His*'schen Angaben hinsichtlich des Balkennetzes und seines Verhaltens zur Nachbarschaft. Der zellige Charakter vieler Knotenpunkte jenes tritt auf das Deutlichste hervor. Gegen die Centralpartie der Kuppe wie des Grundtheils pflegt das Balkennetz einen weitmaschigeren Charakter anzunehmen.

Wir unterscheiden somit, die bisherigen Erörterungen resumirend, neben der **Kuppe des Follikels** zweitens die verbindende, in die Schleimhaut und benachbarte Follikel übergehende Lage als **folliculäre Verbindungssubstanz** und dann endlich die unterste, vom Umhüllungsraum umgebene Partie, den **Grundtheil des Follikels**, Benennungen, welcher wir uns im Folgenden stets bedienen werden.

Als Beispiel der relativen Wichtigkeit der drei Follikelabtheilungen zu einander mögen hier einige Messungen (betreffend den Fig. 9 gezeichneten Drüsenhaufen) ihre Stelle finden.

Die Follikelkuppen betrugen im Mittel an Höhe 0,25—0,3''', aber auch noch mehr; die verbindende folliculäre Substanz ergab meistens 0,1—0,125 und 0,15''', während die Grundtheile bei einer mittleren

Breite von 0,25''' nur eine Höhe von 0,1, 0,125—0,15''' darboten. Andere Plaques zeigten in den einzelnen Follikelpartieen abweichende Dimensionen.

Beobachtet man eine vollendete Gefässinjection, so gewahrt man Folgendes:

Stränge des submucösen Bindegewebes benutzend, gelangen aus diesem Stratum schief aufsteigend feine (0,01—0,02''' messende) arterielle Stämmchen in die eigentliche Schleimhaut. Hier unter weiterer Astbildung laufen sie nicht selten eine Strecke weit in mehr horizontalem Verlaufe unterhalb eines Follikelgrundes her — oder auch mehr vertical aufsteigend dringen sie in einen solchen mit einem Aestchen direct ein. Da wo folliculäre Verbindungssubstanz zwischen zwei Follikeln bis in die Submucosa ragt, gehen die arteriellen Gefässchen in erster senkrecht aufwärts. Hier kommt es zu weiterem Zerfalle und schliesslich zur Bildung des gewöhnlichen, den *Lieberkühn*'schen Drüsen und Darmzotten eigenthümlichen Haargefässnetzes für die zottentragenden Schleimhautwälle.

Aber so lange die arteriellen Astsysteme die Verbindungsschicht durchlaufen, geben sie noch seitliche Ramificationen ab für die angrenzenden Follikel. Diese erhalten somit sehr gewöhnlich wenigstens von zweierlei Stellen, nämlich von den Strängen, welche am Follikelgrunde vorkommen, und von der folliculären Verbindungsschicht her ihre arteriellen Zuflussröhren.

In den Follikel selbst eingedrungen bilden jene nun das bekannte, diesen durchziehende, vielfach geschilderte Haargefässnetz — Wir bemerken gegenüber manchen Angaben der Neuzeit, wornach eine gefässfreie Centralpartie im Follikel ein- oder mehrfach sich finden soll, dass dieses unseren Injectionen nach ein Irrthum ist. Gerade von den uns hier beschäftigenden *Peyer*'schen Drüsenhaufen vertreten wir noch zur Stunde die genauen Beschreibungen, welche vor Jahren F. *Ernst* von unseren Injectionspräparaten geliefert hat. Hier glückte es schon damals und gelang es wiederum vor Kurzem, eine Reihenfolge horizontaler Schnitte eines und desselben Follikels zu gewinnen, welche das Netz der 0,00333 —0,0025''' breiten Haargefässe gegen die Mitte des Follikels zu feiner und weitmaschiger, aber durchgehend und ohne Schlingenendigung zeigten. Da die *Ernst*'sche Zeichnung des Horizontalschnittes ungenügend ausfiel, haben wir das betreffende Präparat, die Mitte des Follikelgrundes behandelnd, auf Taf. IV, Fig. 10 genau abgebildet. Die Verticalansicht eines dieser Follikel mit sehr abgerundeter Kuppe bringt Fig. 11. Hier verläuft das Capillarnetz (a) mit rundlichen Maschen ebenfalls durch die ganze Dicke. Sind dagegen die Follikelkuppen mehr verlängert und zugespitzt, so bemerkt man an den betreffenden Stellen, dass die Netze der Capillaren einen mehr gestreckten, der Längsaxe des Follikels folgenden Charakter gewinnen. Was endlich die Sammlung der Haargefässe zu Venen betrifft, so vereinigen sich die Venenwürzelchen der zottentragenden

Schleimhautwälle zu starken, in der Axe des Schleimhautwalles senkrecht absteigender Stämmchen. Diese letzteren nehmen alsdann die Venenwürzelchen der follikulären Verbindungsschicht und somit auch zum Theil die der Follikel selbst auf. Andere Venenästchen gelangen aus dem Follikelgrund durch die bindegewebigen Strangsysteme in die Submucosa.

Die Chylusbahnen endlich, welche Taf. IV, Fig. 9 in vollständiger Füllung hervortreten lässt, frappiren durch Reichthum und Complication, zusammengehalten mit den relativ einfachen der follikelfreien angrenzenden Schleimhaut. Ueber die Darmzotten der letzteren, über das Absteigen der Chyluswege zwischen den *Lieberkühn*'schen Schlauchdrüsen und die Bildung des horizontalen Chylusgefässnetzes haben wir in dem vorhergehenden Aufsatze genaue Angaben mitgetheilt und müssen auf diese hinweisen.

Anders wird es dagegen an den interfollikulären Zotten und Schleimhautwällen, wie uns Fig. 9 versinnlichen kann, wo in den modificirten Zotten des Walles die reichlich entwickelten Chylusbahnen (l) mit einer Weite von $0,025 — 0,03030'''$ gewöhnlich in Mehrzahl vorkommen und meistens erst hoch oben bogenförmige Verbindungen mit einander eingehen Bei der keilförmigen Gestalt des Walles treten die absteigenden Chylusbahnen (m) convergent gegeneinander, bilden dabei noch mannichfache Communicationen und zeigen in dieser Strecke sehr beträchtliche Verengerungen des Strombettes ($0,01 — 0,00167'''$). So gelangen sie in die follikuläre Verbindungsschicht, um hier ein dichtes, unregelmässiges Netzwerk etwas weiterer, absteigender Wege zu bilden. Je nachdem die follikuläre Verbindungsschicht schon höher oben endigt oder den ganzen Follikelgrund entlang bis zur Submucosa verläuft, ist das Geschick jener netzförmigen Bahnen verschieden. Im ersteren Falle münden sie in den den Follikelgrundtheil umhüllenden lymphatischen Raum; im letzteren steigen sie bis zur Submucosa abwärts, zu stärkeren sich vereinigend, um mit den Lymphwegen, welche von dem Follikel wegführen, sich zu den submucösen lymphatischen Canälen (o, h) zu verbinden. Der Follikelgrund ist bald von einem mehr continuirlichen und weiteren, bis $0,01667 — 0,025'''$ messenden Injectionsstrom umhüllt (Fig. 9 n), bald ist jener mehr verengt bis zu $0,01'''$ und durch zahlreiche zur Nachbarschaft gehende Stränge des Follikelgewebes unvollkommen netzartig geworden. Alle Lymphbahnen entbehren auch hier der specifischen Gefässwandung und sind nur bindegewebig eingefriedigt, wie wir es in früheren Arbeiten für die Schleimhaut der dünnen und dicken Gedärme angegeben haben. Die Frage, ob auch die das follikuläre Gewebe durchsetzenden und die den Follikelgrund umhüllenden Lymphbahnen die gleiche, geschlossene Wandbegrenzung oder eine netzförmig durchbrochene besitzen, vermögen wir für die hier in Frage kommende Localität dahin zu beantworten, dass mit Sicherheit die Oberfläche des Follikelgrundes und mit Wahrscheinlichkeit die den Strom einfriedigenden Wandungen der follikulären Verbindungsschicht netzartig durchbrochen sind, wie das Follikelgewebe selbst, aber mit engmaschigerem Balkenwerk. An anderen günstiger gebildeten *Peyer*'schen Haufen werden wir darauf zurückkommen.

Horizontalschnitte durch die Drüsenhaufen und ihre Wälle ergeben die correspondirenden Bilder. Am meisten interessirt der follikuläre Verbindungstheil und der Follikelgrund. An ersterem sieht man Kreise netzförmiger Lymphbahnen (allerdings vielfach unterbrochen) den eigentlichen Follikeltheil umgeben. Während in letzteren selbst keine Bahnen hereinführen, ist es aber die zwischen den Follikeln befindliche und sie verlöthende Substanz, die von jenen sehr zahlreichen lymphatischen Gängen durchsetzt wird. Der Querschnitt durch den Follikelgrund zeigt entweder einen mehr continuirlichen ringartigen Injectionsstrom jenen umziehend, nur stellenweise unterbrochen durch strangartige Verbindungen vom einen Follikel zum andern — oder man trifft auch hier netzartig und vielfach in seinen Gängen abgebrochen, den Lymphstrom den Follikel umkreisend. Es mag vorläufig genügen, dieses Wenige hier festzuhalten. Am wurmförmigen Fortsatz des Kaninchens werden wir bald den continuirlichen, den Follikelgrund umziehenden Strom genauer kennen lernen, während uns bei anderen Thieren, z. B. dem Hunde, der unterbrochene Strom wieder entgegentreten und genauere Erörterung finden wird.

Somit haben wir aus den bisherigen Schilderungen erfahren, dass der *Peyer*'sche Follikel mit seinem oberen Kuppentheil ganz dem lymphatischen Strom entrückt bleibt, während seine Mittelpartie von zahlreichen Lymphbahnen umzogen wird und der Follikelgrund von Lymphe ganz umspült werden kann. Die Chylusgefässe der modificirten Darmzotten auf den Wällen stellen das System der Vasa inferentia her, der Follikelgrund wird von letzteren nach Passage der Verbindungsschicht umzogen, wie die Alveole einer Lymphdrüse. Die Gänge der follikulären Verbindungsschicht besitzen dagegen eine gewisse Eigenthümlichkeit. Als Vasa efferentia erscheinen die in das submucöse Gewebe ausmündenden Ströme.

Stärkerer Druck kann wenigstens etwas der Injectionsmasse in das follikuläre Gewebe der Mittelschicht und des Grundes eintreiben. Die Fettmoleküle bei der Chylusresorption vermögen eine analoge Einbettung zu gewinnen, wie wir gesehen haben. Die umhüllenden Räume um den Follikelgrund mit Chylusfett erfüllt, haben mehrere Beobachter schon getroffen.

Indessen, um auf das im Follikelinnern befindliche Fett nochmals zurückzukommen, dürfen wir nicht vergessen, dass dieses auch von einer andern Stelle als von den Darmzotten aus eingedrungen sein kann. Die mit dem charakteristischen Cylinderepithelium bekleidete Follikelkuppe, frei einspringend in das Darmrohr, wird sicher ganz in derselben Weise wie die Darmzottenfläche und die zwischen den Zotten befindlichen Schleimhautflächen den Molekülen des Chylus den Eintritt in ihr Gewebe gestatten.

Genauer haben wir zwei andere, weit günstigere Localitäten beim Kaninchen, nämlich dessen Processus vermiformis und den sogenannten Sacculus rotundus, zu untersuchen vermocht. Hier ist die Lymphinjection ein Kinderspiel und kaum jemals verunglückend. Setzt man sie hinreichend weit fort, so tritt der Lymphbezirk in überraschender Schönheit entgegen und zwar seine Wurzeln an der Schleimhautoberfläche gewinnend. Ohnehin gestattet die dickere ziemlich resistente Darmwandung die Anfertigung feiner Schnitte sehr gut, so dass wir leicht die bezeichnendsten Bilder erhalten konnten.

Ueber den wurmförmigen Fortsatz bemerkt bereits *Böhm*: [1] »Coecum in prensiculantibus longissimum, in lepore longitudine ventriculum quadruplo superat. Prior pars lata est, mucosa laevis, nisi quod valvula spiralis s. cochleata, alte in cavum prominens, per eam currit; posterior subito sese coarctando, processum vermicularem format, cujus parietes aeque ac sacci illius, quem in ultimo ileo deprehendi, supra diximus, corpusculis confertis, longis vaginatis consiti sunt.«

Ebenso hat schon *His*[2] diese Darmpartie beim Kaninchen untersucht und darüber Folgendes berichtet·

Die bekannten, in der Mucosa gelegenen Follikellager erreichen eine bedeutende Mächtigkeit (über 1''' Höhe im Processus vermiformis, 1½''' und mehr im Sacculus rotundus). Ueber ihnen findet sich eine Schlauchdrüsen umschliessende Schleimhautschicht von $\frac{1}{4} - \frac{1}{2}$''' Mächtigkeit. Sie trägt an ihrer Oberfläche gefässreiche Falten, welche kreisförmige Lückenräume eingrenzen. Die einzelnen Follikel zeigen an Verticalschnitten die schon *Böhm* bekannte langgestreckte Gestalt, etwa wie die einer Schuhsohle. Man kann auch hier ein äusseres (unteres) kuglig aufgetriebenes und ein inneres (oberes) conisches Endstück unterscheiden und zwischen beiden eine etwas eingeschnürte Mittelpartie. Der äussere Theil der Follikel grenzt sich von der Muscularis mucosae, sowie von benachbarten Follikeln durch dazwischen befindliche Spalträume grösstentheils scharf ab. An einzelnen Stellen werden diese Räume durchsetzt von bald stärkeren, bald feineren gefässtragenden Substanzbrücken, welche entweder aus der Nervea her dem Follikel Gefässe zuführen oder zur Verbindung benachbarter Follikel dienen. Das System fibröser Septen hat auch hier keine ähnliche Entwickelung, wie *His* sie für das Kalb gefunden hatte und eine Vergleichung jener Brücken mit den Septen des zuletzt genannten Thieres ist erst dann gestattet, wenn sie einmal eine Strecke weit schräg zwischen zwei Follikeln verlaufen und in verschiedenen Höhen an dieselben sich ansetzen. Das entgegen-

---

[1] a. a. O. p. 46
[2] a. a. O. S. 11.

gesetzte kuppenförmige Ende des Follikels springt von Cylinderepithel bekleidet aus dem Grunde einer tiefen, die halbe Schleimhautdicke einnehmenden Grube vor. Das mittlere eingeschnürte Follikelstück fand *His* vorzugsweise zur Verbindung der Follikel mit der benachbarten Schleimhautschicht und mittelbar auch jener untereinander dienend. Zwischen die oberen Enden zweier benachbarter Follikel sieht man je einen keilförmigen Fortsatz der drüsentragenden Scheimhaut sich eindrängen, der weiterhin an die mittleren Theile beider Follikel sich anlegt und ohne scharfe Grenze in letzterer Substanz übergeht. Die *Lieberkühn*'schen Drüsen ragen in jenen keilförmigen Fortsätzen nur sehr wenig weit herab, nämlich nur bis zu den Stellen stärkerer Verschmälerung. Sie stehen dabei meistens schräg, mit ihren blinden Enden convergirend gegen die Mitte des Schleimhautstreifens. Sie münden theilweise in den engen Canal aus, welcher zu der den Follikel umgebenden Bucht hinleitet.

Die Blutgefässe beschreibt *His* folgendermaassen: Die stärkeren Stämmchen gelangen aus den darunter gelegenen Schichten sofort in den Follikel und laufen in diesem peripherisch; sie geben dabei Capillarzweige ab, welche gegen die Axe des Follikels strebend, das bekannte Netzwerk bilden. Stärkere Stämmchen treten wenigstens stellenweise durch die benachbarte Follikel verbindenden Substanzbrücken von einem Follikel zum andern über. In weiterer Fortsetzung findet man, wie die den Follikel durchsetzenden Gefässe nun theilweise durch das Mittelstück desselben in den oberen kuppenförmigen Theil sich fortsetzen, theils vom Mittelstück aus in die keilförmigen Fortsätze der drüsentragenden Schleimhaut sich einsenken, welche sich zwischen benachbarte Follikel einschiebend, deren Verbindungen vermitteln. Hier gelangen die Gefässe, die *Lieberkühn*'schen Drüsen umspinnend, zu der freien Schleimhautoberfläche.

Für die Gefässverbreitung im Innern des Follikels berichtet uns *His* als Resultat seiner Beobachtungen noch, dass im innern, wie im äusseren Follikelende ein gefässfreies Centrum existire mit gelockertem und darum leicht herausfallendem Inhalte, während im Mittelstück die Gefässe fast durch die ganze Dicke des Follikels verlaufend angetroffen würden, so dass jenes gefässlose Centrum zwar nicht ganz fehle, aber nur eine sehr geringe Ausdehnung besitze. Diese Einrichtung bringe es mit sich, dass jeder Follikel zwei getrennte Vacuolen enthalte.

Die Bilder der Querschnitte, welche aus verschiedenen Höhen der Follikelschicht genommen sind, fallen nach *His* entsprechend aus. Bis zu einer gewissen Höhe umschliesst ein drüsenführendes, gefässreiches Fachwerk rundliche Lückenräume, aus welchen letzteren die Follikelkuppen herausgefallen sind. Die Schleimhautauskleidung der Follikelgruben fand der Verfasser nicht glatt, sondern aus gefässreichen verticalen Falten bestehend, so dass ein Durchschnitt einigermaassen an einen queren Dünndarmdurchschnitt erinnert. Hat man den Schnitt etwas tiefer gelegt, so stösst man auf die beginnende Verbindung zwischen Follikel und umgebendem Fachwerk; man bemerkt in einer gewissen Höhe Follikel, welche durch 1, 2 oder 3 gefässtragende Brücken mit den Wandungen der sie umgebenden Grube verbunden sind. Die Menge der durchschnittenen Schlauchdrüsen nimmt ab, das lockere von Lymphkörperchen infiltrirte Gewebe der interfollikulären Schleimhautbrücken besteht zum grössten Theile aus feinen, circulär verlaufenden Balken, welche mit spindelförmigen, ovale Kerne umschliessenden Zellen zusammenhängen. Die Chyluswege fand *His* hier sparsamer; sie erscheinen hauptsächlich an den Knotenpunkten der interfollikulären Brücken als rundliche ovale oder spaltförmig gestreckte Lücken.

Noch etwas tiefer bei der Annäherung an den Bereich des Mittelstückes der Follikel ändert sich das Bild. Die Follikel sind ringsumher mit der benachbarten Schleimhaut in Verbindung getreten und die mit doppelter Epithelialbekleidung versehenen Spalten geschwunden; es verlieren sich somit die Umgrenzungen jener stellenweise ganz und nur der Kranz quer durchschnittener Gefässe, die radienförmige Anordnung der Follikelcapillaren und die etwas stärkere Verdichtung der Substanz in der Peripherie lassen den Bereich des einzelnen Follikels mehr oder weniger hervortreten. Auch die Chylusspalten, die nach dem Verfasser bogenförmig an die Follikel sich anschmiegen, zeigen stellenweise deren Begrenzung, doch sind sie anfangs noch sparsam und jeder Follikel grenzt noch keineswegs an eine solche Spalte. Dringt man endlich in den Bereich des unteren Follikelendes, so erkennt man die einzelnen Follikel wiederum weit deutlicher als im Mittelstücke, da sie zum grösseren Theil durch Spalten von einander getrennt sind. Ein System fibröser Scheidewände, nach Art derer des Kalbes, kommt beim Kaninchen nicht vor; allerdings zeigt sich zwischen den Follikeln ein dem Gefässverlaufe nach von den ersteren zu trennender Gewebetheil, die Fortsetzung der interfollikulären, einen adenoiden Charakter tragenden Schleimhaut. Ebenso stehen sie in weit reichlicherer Verbindung mit den eigentlichen Follikeln, man sieht sie schräge von dem einen Follikel zum andern herübertreten, findet sie in weiter Ausdehnung mit diesem verlöthet; nach abwärts werden sie immer sparsamer. In der Mehrzahl kommt, wie *His* beobachtete, zwischen zwei aneinander stossenden Follikeln nur je eine Chylusspalte vor, weit weniger häufig erscheinen deren auf kurze Strecken zwei. Die Hauptgefässstämmchen sieht man übrigens auch hier theils in dem interfollikulären Gewebe, theils an der Peripherie der eigentlichen Follikel verlaufen.

Wir werden alsbald sehen, wie viel Richtiges diese von einer Zeichnung illustrirten Angaben des Verfassers enthalten, wie ihm aber der volle überraschende Reichthum der hier vorkommenden Lymphbahnen verborgen blieb und ebenso seine Anfüllungen der Blutbahn nicht die gewünschte Vollständigkeit besessen haben dürften.

Betrachtet man den wurmförmigen Fortsatz des Kaninchens, am besten nach vorheriger Injection und Erhärtung in Weingeist, von der Oberfläche der Schleimhaut (Taf. III, Fig. 4) aus unter einer leichten Anspannung, so bemerkt man die Schleimhaut versehen mit einem regelmässigen Netze wallartiger Erhebungen (b), welche in ihrem Innern ein conformes Netzwerk weiter Lymphbahnen (c) beherbergen und rundliche oder längliche Oeffnungen (a) einfriedigen. Die Breite der Wälle (mit Inbegriff ihrer Epithelialbekleidung gemessen) beträgt im Mittel 0,15, 0,2—0,225''', die Durchmesser der Gruben, ziemlich wechselnd, liegen zwischen 0,075—0,15''' und mehr.

Zugleich erkennt man die Querschnitte der Schlauchdrüsen (bei b), welche in Zellenauskleidung und Quermessern mit denjenigen des Dünndarms übereinkommen. Sie stehen ziemlich gedrängt, jedoch etwas unregelmässig. Man kann im Allgemeinen zur Seite der Lymphbahn eine doppelte, ja dreifache Reihe jener Drüsenöffnungen unterscheiden. Rückt jene Bahn aber mehr gegen den einen Rand, so kann sich auch nur eine einfache Reihe jener Schläuche vorfinden. Das Schleimhautgewebe selbst (Fig. 3) trägt in dieser oberflächlichsten Lage schon jenen Charakter, welchen wir in einem früheren Aufsatze für die Dünndarmschleimhaut geschildert haben. Es ist im Uebrigen verhältnissmässig reich an spindelförmigen längliche Kerne besitzenden Bindegewebskörperchen, sowie an Lymphzellen (e).

Eigenthümlich sind zahlreiche dicht unter der Oberfläche gelegene und ihr parallelziehende schmale Kernbildungen (a).

Schon die Beobachtung mittelst einer schwachen Lupe lehrt, wie die vorhin erwähnten, von den Schleimhautwällen eingegrenzten Oeffnungen die relativ engen Eingangspforten jenes ziemlich tiefen und nach abwärts mehr und mehr sich erweiternden Grubensystemes sind, welches bekanntlich zu den Kuppentheilen *Peyer*'scher Follikel leitet und von *Böhm* als Vaginula beschrieben worden ist.

Feine verticale Schnitte (Taf. III, Fig. 4) geben hierüber den besten Aufschluss. Man bemerkt den Schleimhautwall von der Eingangspforte an etwa ¼''' weit herabsteigen, mehr und mehr sich stark verschmälernd (auf 0,05 ja 0,025'''), so dass der am senkrechten Schnitt eine Keilform darbietet und der Boden der Grube einen Diameter von ⅛ bis gegen ¼''' erreicht an der Stelle, wo der Wall in die Basis der aus dem Grunde aufsteigenden Follikelkuppe (c, d) continuirlich übergeht und wo ein gleiches Weitergehen des Cylinderepitheliums stattfindet, ganz ähnlich demjenigen, was wir früher für die *Peyer*'schen Drüsen in dem Dünndarm des Kaninchens kennen gelernt haben. Diese Vaginula umfasst die ziemlich regelmässig 0,15 und 0,175—0,2''' hohe Follikelkuppe, im Allgemeinen enge, so dass nur ein schmaler Zwischenraum die Cylinderepithelien trennt. Die Follikelspitze selbst liegt 0,075—0,125''' tiefer als die freie Schleimhautoberfläche.

Die Schlauchdrüsen (Fig. 3 c), deren wir schon früher als in den Schleimhautwällen eingelagert gedacht haben, sind von mässiger Kürze. Bei der Keilgestalt der Wälle nehmen sie convergirende Stellungen an. Tief nach abwärts, d. h. an unteren Stellen der Seitenwandungen ausmündende Schlauchdrüsen haben wir ebenfalls bemerkt.

Die angegebenen Darstellungen controlirt nun der Horizontalschnitt. In der Höhe von 2 (der Fig. 1) geführt, wie Fig. 5 lehrt, sieht man von Cylinderepithel bedeckt, die stielförmigen unteren Wallpartieen netzartig zusammenfliessend (a) und erkennt in einigen noch die blindsackigen Enden von Schlauchdrüsen. Die Gruben zeigen die Follikelkuppen (b) vorspringend, (an welchen übrigens das Cylinderepithelium nicht gezeichnet worden ist).

Noch tiefere Flachschnitte aus der Höhe von 3, zeigen das bei Fig. 6 gelieferte Bild. Die Gruben zwischen den Wällen (a) sind grösser geworden und die breiteren basalen Theile der Follikelkuppen (b), (an denen hier das Cylinderepithel sichtbar ist), füllen jene aus. An einer Stelle, wo der Schnitt etwas dünner ausgefallen ist, sind ein paar blinde Enden von Schlauchdrüsen quer durchschnitten sichtbar.

Die Kleinheit der Zeichnungen bringt es mit sich, dass der Charakter des Schleimhautgerüstes an ihnen nicht angegeben werden konnte.

Welches ist nun dieser an derartigen Localitäten? Feine, etwas ausgepinselte Horizontalschnitte zeigen einen beträchtlichen Reichthum an Lymphkörperchen, aber einen mehr faserigen Bau des Schleimhautgewebes mit im Allgemeinen concentrisch laufender Faserung; dieselbe Richtung halten die reichlich vorkommenden spindelförmigen Bindegewebekörperchen ein.

Unterhalb ihrer Basis sehen wir am Verticalschnitte die Follikel (Fig. 1 bei k) wiederum mit dem benachbarten Schleimhautgewebe und durch dieses mittelbar unter einander verschmelzen. Das Mucosengewebe trägt hier vollständig den Charakter der Follikelsubstanz und ist auch eine solche. Die Höhe dieser verbindenden follikulären Schicht ergiebt sich zu 0,05—0,075''' im Mittel. Querschnitte des letzteren stellt Fig. 2 A und B dar; in schwacher Vergrösserung Fig. 7.

Unter dieser Stelle beginnt nun der von *His* treffend als schuhsohlenförmig bezeichnete Follikel, sich einzuschnüren (Fig. 1 n) sowie von der Nachbarschaft scharf abzugrenzen und zwischen je zwei benachbarten Follikeln nimmt der lymphatische Umhüllungsraum seinen Anfang.

Da, wo aus der vorhin erwähnten verbindenden Schicht die schmälere (dem vor dem Absatze liegenden eingeschnürten Theile einer Schuhsohle vergleichbare) Partie hervortritt, bemerkt man indessen noch eine weitere auffallende Bildung.

Zwischen je zwei Follikeln nämlich erscheint an Verticalschnitten ziemlich regelmässig, in den hier breiten Anfangstheil des lymphatischen Umhüllungsraumes einspringend, ein warzenförmiger Vorsprung (Fig. 1 m) mit nach unten, d. h. gegen die Muscularis gerichteter Spitze und mit der Basis in die verbindende Schicht der Follikel continuirlich übergehend.

Die Höhe dieser warzenartigen Einsprünge wechselt zwischen 0,06, 0,075—0,09''', ihre Breite von 0,06 zu 0,075 und 0,7'''. Sie erscheinen desshalb bald breiter und flacher, bald dünner und schlanker. Bisweilen sieht man hier und da die Spitze einer solchen Warze fadenförmig sich ausziehen und zu einem strangartigen Fortsatze werden, welcher schief nach abwärts laufend den Umhüllungsraum eine Strecke weit durchsetzt und spitzwinklig in eine tiefere Stelle des einen der beiden Follikel einleitet (Fig. 1 m, nach rechts).

So erscheint das Bild auf longitudinalen, d. h. der Längsaxe des Darmes parallelen Verticalschnitten, so aber auch fast ganz unverändert an solchen Schnitten, welche die Axe des Darmrohrs rechtwinklig kreuzen. Hieraus ergiebt sich, wie wir annehmen, dass jene warzenförmigen Einsprünge nicht isolirte Papillen, sondern die Durchschnitte eines ringförmigen Walles zwischen den Follikeln darstellen, welcher seine freie Kante nach abwärts kehrt.

Verfolgen wir nun zunächst die Gestalt des unteren freiliegenden Follikeltheiles an derartigen Verticalschnitten (Fig 1) weiter.

Unter den Warzen gewinnt er ziemlich rasch eine bedeutendere, $1/5$—$1/4$''' betragende Breite und erscheint in Form eines stumpfen Ovales, dessen Länge ziemlich regelmässig $1/3$''' ergiebt. Von Septen zwischen ihnen kommt wenig, und von hier die Seitentheile mit einander verbindenden Fortsätzen fast nichts zum Vorschein. Anders wird es aber an den abgerundeten, die Submucose mit flachen Eindrücken unter sich zeigenden Follikelenden (bei o). Hier treten öfters strangartige, mit Lymphzellen infiltrirte Fortsätze, getheilt oder ungetheilt den Umhüllungsraum[1]) durchsetzend, von dem einen Follikel zum andern herüber, oder von der Unterfläche der Follikel aus in das submucöse Gewebe herein. Es wiederholt sich also das Verhältniss, welches für das Ileum schon geschildert wurde.

Sonach sind auch die Follikel des wurmförmigen Fortsatzes oberwärts in der vorhin geschilderten Kuppe frei, in der mittleren Verbindungsschicht mit einander verschmolzen und in dem grössten Theile ihrer unteren Partieen fast vollständig von einander isolirt, dagegen wieder gegen die Basen durch das eben erwähnte Strangsystem sowohl mit einander verbunden, als mit dem submucösen Gewebe verlöthet; Dinge, welche wir wesentlich ebenso schon an den kleinen *Peyer*'schen Haufen des Kaninchendünndarms getroffen haben.

---

[1]) Wir ziehen diesen unseren eigenen, schon oben benutzten Ausdruck der *His*'schen Benennung des »Lymphsinus« darum vor, weil mit dem zuletzt genannten Worte sehr verschiedene Dinge, wie die Gänge der Markmasse von Lymphknoten, die canalförmigen Wege der Lymphe durch Parenchym versehen werden und der

Die Breite der Umhüllungsräume, welche um die freie Follikelhälfte genau die Einrichtung um die Alveolen eines Lymphknotens wiederholen, wechselt. Am grössten ist sie am Anfange des Raumes, wo allerdings der einspringende Ring den Hohlraum sehr beträchtlich erfüllt; geringer gestaltet sie sich weiter nach abwärts, wo der seitliche und basale Theil des Lymphraumes keinerlei constante Verschiedenheit erkennen lässt. Wir bestimmten die Weite dieses Umhüllungsraumes an unseren Weingeistpräparaten zu 0,04, **0,015**, zu 0,02, aber auch zu 0,025 und 0,03 $'''$.

Es bedarf wohl kaum der Bemerkung, dass die Flächenschnitte der bisher besprochenen Follikelregionen damit in Uebereinstimmung sind. Aus der Höhe der verbindenden Schicht (5) genommen, zeigt sich am nicht injicirten Präparate nur ein gleichmässiges folliculäres Gewebe, während an gefüllten Objecten die Vertheilung der Blutgefässe und noch mehr der Lymphbahnen die Follikelgrenze zu erkennen giebt. (Man vgl Fig. 7.)

Gehen wir zu einem etwas tieferen Horizontalschnitt über (Höhe von 6), so gewahren wir (Fig. 8) in rundlichen Formen die eingeschnürten Follikelpartieen (a) vollkommen von einander abgegrenzt und durch ansehnlichere kreisförmige Lymphräume (b) getrennt.

Wenden wir uns endlich zu einem gleich gerichteten noch tieferen Schnitte (aus der Höhe von 6), so erkennen wir die gleichen lymphatischen Räume wieder, aber stellenweise durch**setzt** von verbindenden Strängen.

Verfolgen wir nun zunächst den Bau der Follikel sowohl aufwärts gegen das blinde Ende des wurmförmigen Fortsatzes als nach unten zum Uebergange in das weitere und viel dünnwandigere Coecum hin. Die Follikel nehmen aufwärts unter Abflachung der Wälle mehr und mehr an Höhe zu, so dass Kuppen und Grundtheile gleichmässig vergrössert und dabei ziemlich schlank erscheinen. Erst im blinden Ende selbst stösst man wiederum auf eine gleichmässige und nicht unbeträchtliche Verkleinerung der sämmtlichen Follikeltheile. Das Bild bleibt also im Wesentlichen das von uns früher geschilderte.

Anders wird es dagegen nach abwärts gegen das Coecum hin. Die Schleimhautwälle gewinnen hier an Mächtigkeit, namentlich an Höhe beträchtlich und damit werden die zur Follikelkuppe führenden Gruben tiefer und tiefer. Die Follikel selbst nehmen an Höhe ab und zwar unter bedeutender Verkürzung des Grundstückes und Verlust der mittleren Einschnürung, während die Kuppe die alte Form bewahrt. Gelangt man in die nächste Nachbarschaft des Blinddarms, so sind die Follikel ganz in der gewöhnlichen Form des Dünndarms erscheinend, wie wir sie Fig. 9

einen Follikel umgebende Raum anatomisch doch von jenen Bahnen verschieden ist — un auch physiologisch bei seiner netzförmig durchbrochenen Wandung, wie wir annehmen müssen.

gezeichnet haben. Die letzten an die dünne Colonschleimhaut selbst angrenzenden Follikel sind sehr niedrig, nur gegen $1/6'''$ hoch und werden von breiten, entwickelten, an Höhe bis zu $1/3'''$ ergebenden Schleimhautwällen eingegrenzt. Hier münden dann die zahlreichen Schlauchdrüsen noch tief an den Seitentheilen des Walles herunter in die Gruben aus.

Was die feinere Structur betrifft, so können wir hier nur von ähnlichen Verhältnissen, wie sie der Dünndarm darbot, berichten. Das Netzgerüste der Follikel ist das gewöhnliche, zeigt in der Kuppe und dem Grundtheil eine weitmaschigere und vergänglichere Innenpartie und geht in der verbindenden Schicht continuirlich in die benachbarten Stellen und die Schleimhaut am Grunde der Wälle über.

Hieran reiht sich nun die Anordnung der Blutgefässe, welche an vollständigen Injectionspräparaten in reicher Zierlichkeit ein höchst anziehendes mikroskopisches Bild entfaltet.

Verfertigt man sich aus einem doppelt injicirten Stück des wurmförmigen Fortsatzes einen feinen verticalen Längsschnitt, so sieht man, wie durch die strangartigen Fortsätze an der Basis der Follikel Blutgefässe in die letzteren selbst eintreten, welche sich nach ihrem Verlauf bald in der Form von Querschnitten, bald längslaufender Röhren ergeben, ebenso nach der Farbe theils als Arterien, theils als Venen. Die Messung zeigt sehr verschiedenes Caliber. (Die Arterien besitzen 0,01, 0,0125—0,0175 und 0,03''', die Venen 0,0125—0,0375 und 0,0075''' Quermesser).

In die Follikel gekommen zerspalten sich die arteriellen Zweige weiter und verlaufen im Allgemeinen peripherisch, dicht unter dem Rande der unteren freien Follikelhälfte ihren Weg nach oben fortsetzend, indem sie nach einwärts (gegen die Follikelmitte zu) in ziemlich regelmässigen Abständen feine, 0,00205, 0,00255 und 0,00344''' messende Haargefässe abgeben, welche durch Querzweige verbunden das bekannte, *Peyer*'schen Drüsen eigenthümliche Maschennetz bilden. Dieses Maschenwerk ist in den Randpartieen des Follikels allerdings ein engeres, in den centralen Theilen dagegen ein weiteres, ohne jedoch hier, wie man in neuerer Zeit mehrfach behauptet hat, schlingenförmig umzubiegen und einen gefässfreien Centraltheil im Follikel übrig zu lassen. Allerdings entsteht bei unvollkommener Injection ein derartiges Trugbild sehr leicht; es füllen sich eben nur mühsam und schwierig diese centralen Capillaren. In gleicher Weise ist das Balkengerüste im Innern der Follikel ein weitmaschigeres, loseres, viel leichter zerstörbares, so dass es uns nicht Wunder nehmen darf, wenn jenes an feinen Schnitten durch den Zug der Messerklinge herausfällt und somit eine, nicht allein von Netzfasern, sondern auch von Haargefässen freie Mittelpartie zu existiren scheint.

Schlanke arterielle Zweige am Aussenrande des Follikels lassen sich an geeigneten Objecten oft über grössere Strecken nach oben (gegen die freie Schleimhautfläche) verfolgen und zwar bis zur Stelle der die Folkel verbindenden Schicht. Hier erkennen wir weitere capillare Zerspaltungen derselben und zwar nicht bloss nach innen, d. h. in den halsförmig eingeschnittenen Follikeltheil, sondern auch nach aussen in die verbindende folliculäre Substanz.

Das Schicksal der beiderlei Haargefässnetze, zwischen welchen anfangs die zahlreichsten Communicationen existiren, ist nun später, d. h. in dem weiteren Emporstreben jener zur freien Schleimhautoberfläche, ein verschiedenes. Das innere, dem eigentlichen Follikel selbst angehörige Gefässnetz setzt sich mit demjenigen der unteren Follikelhälfte in continuirliche Verbindung und erstreckt sich in derselben Weise in den oberen kuppenförmigen Theil des Follikels hinein. Auch hier sehen wir das Haargefässnetz nach innen weitmaschiger, nach aussen enger sich gestalten, jedoch einen mehr gestreckten (der Längsaxe der Follikelkuppe folgenden) Charakter gewinnen und zur Höhe der Kuppe gelangen.

Kehren wir nun zu den arteriellen und capillaren Gefässen der die Follikel verbindenden Zwischensubstanz zurück.

Die schlanken arteriellen Zweige, deren wir vorhin gedacht haben, gelangen, 0,00383—0,00639''' dick, unter weiterer reichlicher Abgabe von Haargefässen in dem keilförmig erscheinenden Durchschnitt des die Follikelkuppe ringförmig umgebenden Schleimhautwalles (der *Böhm*'schen Vaginula) mehr oder weniger hoch nach oben, bis sie endlich in dem Haargefässnetze selbst verschwinden. Dieses letztere umspinnt mit dem gewöhnlichen gestreckten Maschenwerk die dem Schleimhautwalle eingebetteten Schlauchdrüsen und bildet, an dessen Oberfläche angekommen, die bekannten capillaren Ringe um die kreisförmigen Drüsenmündungen. Hier nun, ganz in derselben Weise wie an der Colonoberfläche, erfolgt der Zusammentritt zu venösen Wurzeln. Diese, rasch zusammenfliessend, bilden stärkere Venenstämmchen, welche 0,005—0,015''' dick in senkrecht absteigendem Verlaufe in die folliculäre Verbindungsschicht gelangen.

Dasselbe sehen wir die zu venösen Abflussröhren von 0,01—0,02''' Quermesser gesammelten capillaren Blutbahnen der Follikelkuppen mit den absteigenden Venenstämmchen sich vereinigen, so dass an dieser Stelle auf Querschnitten vielfach Maschennetze von Gefässröhren zu bemerken sind, welche die doppelte Injection als venöse zu erkennen giebt.

Unterhalb der verbindenden lymphoiden Schicht sieht man die senkrecht absteigenden Venen häufig die Randtheile einzelner Follikel einhalten, bisweilen auch wohl mehr (wie Querschnitte zeigen) in den inneren Theilen der Follikel selbst oder auch in schief absteigenden strangartigen Fortsätzen des Follikelgewebes ihren Weg nach abwärts zur Submucosa fortsetzen. Indem sie reichlich weitere venöse Wurzeln aus der unteren Follikelhälfte aufnehmen, erweitern sie sich oft bis zu 0,02'''. Nicht selten gewahrt man durch die den Grund benachbarter Follikel verbindenden Stränge aus dem einen Follikel eine nicht unansehnliche

Venenwurzel in das stärkere Venenstämmchen eines benachbarten Follikels schief herübertreten. Schliesslich gelangen die Venenstämme, durch einen dickeren derartigen Strang umhüllt, aus dem Follikelgrunde und damit aus der Schleimhaut selbst in das submucöse Gewebe.

Hiermit ist die Beschreibung der verwickelten Blutbahnen in der Schleimhaut des betreffenden Darmstückes beendigt; denn auf die Schilderung desjenigen, was die in verschiedenen Höhen gewonnenen Flächenschnitte lehrten, hier weiter einzutreten, müssten wir für eine unnütze Weitschweifigkeit erachten. — Für Denjenigen, welcher unsere Beobachtungen wiederholen sollte, diene nur die Bemerkung, dass eine sorgsame Prüfung uns die an dem Längsschnitte geschilderten Gefässanordnungen auch für horizontale Schnitte vollkommen bestätigt hat.

In der geschilderten Weise verhalten sich die Blutbahnen durch den ganzen Processus vermiformis mit Ausnahme der untersten, dem Coecum angrenzenden Partie. Hier bringt die einfachere und niedrigere Gestalt des Follikels allmählich eine ähnliche Anordnung mit sich, wie wir sie früher für das Ileum des Kaninchens geschildert haben.

Die arteriellen Zweige, welche nach Durchlaufung der Submucosa in die Follikelbasis eindringen, zerfallen in Haargefässe, die an Verticalschnitten mit mehr gestrecktem Netze den Aussentheil, mit rundlichem die innere Partie des Follikels selbst durchlaufen. Andere arterielle Aestchen, rasch in Capillaren aufgelöst, umspinnen mit gestrecktem Maschenwerke die länger gewordenen Schlauchdrüsen, welche in den so beträchtlich vergrösserten Schleimhautwällen eingelagert sind. Verticale Durchschnitte der letzteren zeigen aus den Haargefässringen um die Drüsenmündungen herum seinen Ursprung nehmend, sehr häufig einen ansehnlichen, 0,02—0,025''' messenden Venenstamm, welcher senkrecht absteigt und seitlich die venösen Abflussröhren der Follikel in Form rasch zusammentretender Stämmchen von 0,01—0,0125''' Quermesser aufnimmt.

Gehen wir nun über zu Demjenigen, was die gelungene Injection der Lymphbahnen für den Processus vermiformis des Kaninchens lehrt.

Durch das submucöse Gewebe, bald in mehr schiefem, bald in mehr senkrechtem Verlaufe steigen Canäle von wechselnder Stärke nach oben (Fig. 1 p, q), deren Wandungen sich hier ebenso wie die in anderen Darmpartieen des vorliegenden Geschöpfes verhalten dürften. Ihre Dicke fällt recht verschieden aus; stärkere, welche wir massen, ergaben 0,075, 0,045—0,0375'''. Man überzeugt sich deutlich, wie diese aufsteigenden Lymphbahnen nach Durchsetzung des submucösen Gewebes in den lymphoiden, den Follikelgrund umziehenden Umhüllungsraum einleiten (o).

Da nun diese unteren Follikelhälften, wie wir früher gesehen haben, keine Scheidewände zwischen sich führen, da fernerhin die benachbarte Follikel verbindenden Stränge, sowie die zur Submucosa tretenden geringere Quermesser besitzen, so existirt mithin durch den ganzen unteren

Schleimhauttheil des wurmförmigen Fortsatzes ein zusammenhängendes System lymphatischer Umhüllungsräume. Es ist dieses der Grund, warum Lymphinjectionen gerade an diesem Darmstücke mit überraschender Leichtigkeit gelingen, wenigstens soweit sie die Erfüllung der Umhüllungsräume um die unteren Follikelpartieen betreffen.

Wir halten es für überflüssig, auf das Bild weiter einzutreten, welches die mit Injectionsmasse erfüllten Umhüllungsräume darbieten. Einmal ergiebt sich dieses schon aus unseren Zeichnungen (Fig 4 und 8) und dann aus der früher gelieferten Beschreibung des umhüllenden Lymphbehälters selbst

Der aufmerksame Leser erinnert sich wohl noch, wie das obere, (der freien Schleimhautfläche) zugekehrte Ende dieses Raumes sich erweiterte und wie hier in Gestalt einer warzenförmigen Excrescenz der Durchschnitt einer ringförmigen Verlängerung des folliculären Gewebes einsprang (Fig. 4 bei *m*). In den durch diese Warze gesetzten engen und tiefen Furchen pflegt bei weniger gelungenen Einfüllungsversuchen die Injectionsmasse häufig zu stocken, so dass die Lymphbahn hier ihr Ende zu nehmen scheint. In der That dürfte *His* dieses bei seinen Injectionen begegnet sein, indem er von dem ganzen wunderbaren Reichthum höher befindlicher Lymphgefässe nichts berichtet.

Ist die Einspritzung gelungen (und bei einiger Uebung ist das Kunststück kein grosses), so sieht man zunächst an dem Verticalschnitt, wie jene beiden schmalen und tiefen Furchen zu den Seiten des warzenförmigen Vorsprunges in zahlreiche, enge und feine (oft nur $0,01'''$, in andern Fällen das doppelte messende) Canäle (*m*) hineinleiten, welche theils die Warze selbst senkrecht aufsteigend durchziehen, theils nach den Seiten hin in die folliculäre Verbindungssubstanz führen, die zwischen den verengten Stellen der schuhsohlenförmigen Follikel vorkommt. Hier angelangt, unter reichlicher Astgabe und vielfacher Verbindung, stellen sie in grosser Zierlichkeit ein reichliches Canalwerk rundlicher Maschen her (Fig. 4 *l*). Die Maschen selbst fanden wir im Mittel von $0,05 - 0,025'''$, die Lymphgänge etwa $0,00833 - 0,04'''$ mit Extremen nach beiden Seiten. An verticalen Schnitten hat diese ganze Schicht netzförmiger Lymphbahnen eine Höhe von $1/7 - 1/6'''$ und man erkennt wie ein Theil der obersten Gänge blindsackig sein Ende nimmt.

Einzelne derselben jedoch treffen mit andern die Warze senkrecht durchsetzt habenden Lymphcanälen zusammen und gelangen so in den Grund des keilförmig erscheinenden Durchschnittes des Schleimhautwalles (der *Böhm*'schen Vaginula) hinein.

In diesen keilförmigen Wällen steigen nun unsere Canäle (Fig. 4 *i g*) einfach oder doppelt und dreifach unter geradem und schlankem Verlaufe ohngefähr $1/8 - 1/4'''$ weit nach oben. Sie geben bei diesem Aufsteigen nur selten spitzwinklige Aeste ab und zeigen einen Quermesser von 0,01, 0,0125, seltener sogar 0,02'''.

Ungefähr in der Höhe der Follikelkuppe, wo der Schleimhautwall sich verbreitert, entsteht an unseren Canälen unter beträchtlicher Zunahme der Dicke eine rege Astbildung (f). Unter mehr rechtem Winkel treten Seitencanäle ab, welche mit andern der Nachbarschaft zusammenstossen, neue Seitenbahnen abgeben und so ein elegantes Netzwerk weiter Gänge bilden. Die obersten, d. h. die unter der freien Schleimhautfläche in horizontaler Richtung verlaufenden dieser Bahnen (Fig. 1 e) pflegen die weitesten zu sein und können quere Dimensionen von 0,025—0,04''' gewinnen. Die Entfernung jener von der ihres Epithels beraubten Schleimhautoberfläche kann bis auf 0,01''' herabsinken.

Die Flächenschnitte aus verschiedenen Tiefen, welche wir früher schon besprochen haben, vermögen das Bild des Verticalschnittes zu controliren.

Fig. 4 zeigt das Netz der oberflächlichsten horizontalen Lymphbahnen (c) in den ringförmigen Schleimhautwällen. Zugleich sieht man von der Unterfläche jener mehrere feinere Canäle senkrecht abtreten (d). — Fig. 5 und 6 a führen uns diese letzteren in Querschnitten aus zwei verschiedenen Tiefen vor. Fig. 7, wie wir wissen ein Flächenschnitt durch die warzenförmigen Vorsprünge und das Stratum der verbindenden Follikelsubstanz, zeigt das unmittelbar über dem Umhüllungsraume gelegene ringartige Netzwerk (c). Fig. 8 endlich ist der Querschnitt der unteren Follikelhälften und der erfüllten Umhüllungsräume (b). .

Nur auf das Bild der Fig. 7 wollen wir noch für einen Augenblick näher eintreten. Diese Stelle ist offenbar die physiologisch wichtigste des ganzen Follikels, indem hier bei den zahlreichen lymphoiden Canälen die regste Wechselwirkung zwischen Lymphe und Drüsensubstanz erfolgt. Untersucht man feine, etwas gepinselte Schnitte dieser Localität (Fig. 2 B), so bemerkt man theils im Querschnitt, theils der Länge nach, theils auch schief getroffen jene Bahnen (c) mit unregelmässiger, unebener Randbegrenzung, ebenso mit gesetzlos von Strecke zu Strecke wechselndem Quermesser. Starke Vergrösserungen lehren, wie das follikuläre Gewebe mit der gewöhnlichen netzförmigen Beschaffenheit den Lymphraum einfriedigt. Damit steht es denn auch im Zusammenhang, dass wir gerade hier häufig Moleküle der benutzten Injectionsmasse fest anhängend gewahren; ebenso sehen wir, wie jene eine Strecke weit in das Innere der Follikel sich eingedrängt haben. Es existirt also zwischen diesen Bahnen und den membranös abgegrenzten der gewöhnlichen Schleimhaut eine wesentliche Differenz.

Wir wenden uns endlich zu denjenigen Lymphbahnen, wie sie am Eingange des wurmförmigen Fortsatzes in nächster Nachbarschaft des Coecum vorkommen. Hier zeigt das Injectionspräparat an Verticalschnitten Folgendes:

Nur die untere kleinere Hälfte des viel niedriger gewordenen Follikels ist von einem conformen Umhüllungsraume wiederum umzogen, in welchen jedoch keine warzenförmigen Einsprünge mehr stattfinden. Ueber dem Umhüllungsraume zieht in horizontaler Richtung und in ziemlicher Dicke das interfollikuläre Gewebe, mit benachbarten Follikeln Verbindungen eingehend und im Innern der hohen Schleimhautwälle bis zu den blinden Enden der eingelagerten Schlauchdrüsen sich erstreckend. Die Injection füllt natürlich auch hier zunächst den Umhüllungsraum und von diesem aus ein stark entwickeltes Netzwerk lymphatischer Canäle, welche die Verbindungssubstanz fast reichlicher als im übrigen Processus vermiformis des Kaninchens durchziehen. Von da an steigen in den Schleimhautwällen wiederum einzelne senkrechte Canäle auf, welche sich ebenfalls in ihrem Emporstreben mehr und mehr verbreitern, aber durchaus nicht jene starken Astbildungen gegen die Schleimhautfläche hin erkennen lassen, welche wir für den übrigen wurmförmigen Fortsatz als so bezeichnend kennen gelernt haben. Es gehen vielmehr unsere Gefässe in ziemlich einfacher Weise unter der Schleimhautoberfläche bogenförmig in einander über und dem entsprechend zeigt die Betrachtung der Mucosenfläche von oben wieder das gewöhnliche Netzwerk horizontaler Stämme. Ein feiner, gepinselter Flächenschnitt durch die follikuläre Verbindungsschicht bringt in reichlicher Menge die netzartigen Lymphbahnen jener ganz in derselben Weise wie sonst zur Anschauung.

Es bleibt uns endlich noch übrig, der aus der Schleimhaut des wurmförmigen Fortsatzes abführenden Lymphbahnen zu gedenken.

Die aus den Umhüllungsräumen austretenden Lymphwege durchsetzen die Submucosa und Muscularis und gelangen so in das subseröse Gewebe, um hier ein elegantes Netzwerk klappenführender knotiger Gefässe zu bilden. Die Quermesser letzterer ergeben sich höchst variabel von 0,02—0,05'''. Hat man von aussen her nicht allzu dünne Flächenschnitte abgetragen und dieselben stark aufgehellt, so erkennt man zuweilen deutlich, wie vom Follikelgrund mehrere Gänge die Injectionsmasse zu den Canälen der Muscularis hinleiten. Wir haben deren zwei, drei und auch vier gezählt. Verticalschnitte konnten natürlich hierüber keinen Aufschluss gewähren.

Aehnlich gestaltet sich auch das Netzwerk der Lymphbahnen in der Submucosa der einfachen zuerst geschilderten Follikel des Ileum.

Gehen wir jetzt zu einer dritten Localität, zum sogenannten Sacculus rotundus des Kaninchens über.

Ueber diesen Gegenstand hat, soviel wir wissen, ebenfalls *Böhm*[1]) die ersten genaueren Mittheilungen geliefert. Er drückt sich folgendermaassen aus: »Supra jam adnotavimus, in ultimo ileo ceteris majores re-

---
1) a. a. O. p. 46

periri glandulas Peyerianas. Quod quam necessarium sit, et ad certum quendam finem institutum, non est quod melius ac luculentius te doceat, quam earum in cuniculis dispositio; in quibus forma tractus intestinorum omnino transmutatur, quo majus uberiori glandulae Peyerianae conformationi praebetur spatium. Ileum enim, priusquam per valvulam Bauhini in colon transit, subito ad latus ita amplificatur, ut sacculi rotundi, magnitudine nucis juglandis regiae, speciem induat. Parietes autem hujus sacculi corpusculis illis Peyerianarum glandularum propriis dense consiti sunt, quae tamen hoc loco papillarum instar, longos cylindros aemulantium, et in acumen rotundum exeuntium, producuntur, et profundum unumquodque vagina cinguntur. — Praeterea in principio coli juxta valvam Bauhini semper una quaedam invenitur glandula Peyeriana, ad quam interdum altera, sed minor accedit. Quae quum omnium maxima contineat corpuscula, haud a re abhorrere putavi, si lectorum animum ad eam adverterem. Nam propter magnitudinem facillime haec corpuscula observantur; huc accedit, quod per formam latam et planam, et quod villis non cinguntur, multo facilior redditur disquisitio«.

Die an allen Weingeistexemplaren $1\frac{1}{3}$, ja zuweilen $1\frac{1}{2}'''$ hohe Schleimhaut zeigt an Verticalschnitten einen ähnlichen Bau, wie wir ihn für den wurmförmigen Fortsatz kennen gelernt haben. Auch hier treten uns an derartigen Präparaten in dicht gedrängter Stellung schubsohlenartige Follikel entgegen, welche mit ihrem unteren, circa $\frac{1}{2}'''$ an Höhe messenden Grundtheile in eine halsförmig verengte Mittelpartie wiederum überführen und nach oben mit einer Kuppe endigen, deren Längendimensionen sich zu $0,33 - 0,4'''$ ergeben. Auch hier sehen wir zwischen den halsförmigen Einschnürungen der Follikel ähnliche Warzen in die Umhüllungsräume einspringen, wie an entsprechenden Objecten des Processus vermiformis. Dieselben erscheinen jedoch grösser; einzelne erreichen bis $0,1'''$ im Quermesser und $0,125'''$ an Höhe. Ebenso ziehen sich manche derselben strangförmig nach unten aus, um so bis zum Grunde eines Umhüllungsraumes zu gelangen und hier entweder mit dem Follikel oder dem jenen eingrenzenden submucösen Bindegewebe zu verschmelzen.

Die die Follikelkuppen umgebenden Schleimhautwälle besitzen jedoch eine weit beträchtlichere Höhe als im wurmförmigen Fortsatze und die zur Follikelkuppe tretenden grubenförmigen Eingänge zeichnen sich mit Ausnahme der unmittelbaren Eingangspforte selbst durch bedeutende Enge aus. In ganzer Länge gemessen ergiebt der Schleimhautwall die mächtige Dimension von circa $\frac{2}{3}'''$ und mehr; der zur Follikelkuppe führende Gang diejenige von $\frac{1}{3}$ bis gegen $\frac{1}{2}'''$. Die Schleimhautoberfläche erscheint bald mehr glatt, bald mit zahlreichen kleinen und wenig gewölbten mikroskopischen Vorsprüngen versehen.

Die Betrachtung dieser Oberfläche ergiebt im Uebrigen ähnliche Netzfalten der Wälle, wie wir sie am Processus vermiformis fanden, und die theils rundlichen, theils mehr unregelmässigen Eingangspforten zu der Vaginula zeigen Durchmesser von 0,1—0,2'''.

Untersucht man den Schleimhautwall selbst, so trifft man ihn von Schlauchdrüsen in schiefer divergenter, fast radienartiger Stellung durchsetzt. Letztere sind ziemlich kurz und münden theils auf der Höhe theils entlang der Seitenwandung des Walles, — alles Dinge, welche *His* schon vor uns richtig beschrieben hat und auf die hier specieller einzugehen wir darum nicht mehr nöthig haben. Wir bemerken ebenfalls noch bei dieser Gelegenheit, dass wir die Angaben dieses Beobachters über die strangartigen Verbindungen sowohl der einzelnen Follikel untereinander, als dieser letzteren mit der Submucosa vollkommen auch für den Sacculus rotundus bestätigen können. Endlich möge noch die Notiz hier ihren Platz finden, dass stellenweise im Sacculus rotundus die Follikel beträchtlich niedriger und die Schleimhautwälle relativ höher sich gestalten können.

Es bietet sich jetzt die Anordnung der Blutgefässe im betreffenden Darmstück zur Erörterung dar. Diese entfaltet an wohlgelungenen Präparaten ein reiches Bild. Schief aufsteigende, schlanke arterielle Zweige durchsetzen das submucöse Gewebe, um beim Eintritt in die Schleimhautunterfläche wohl gewöhnlich ein doppeltes feineres Astsystem abzugeben; eines nämlich, welches in die Follikel tritt und in diesen den üblichen capillaren Zerfall erfährt, und ein anderes, welches häufig unter Benutzung strangartiger Fortsätze den Grund (d. h. die Spitze) des keilförmigen Schleimhautwalles erreicht und hier unter weiterem Aufsteigen ein schlankes gestrecktes Capillarnetz bildet, welches in divergirender Entfaltung die schief stehenden Schlauchdrüsen mit den gewöhnlichen gestreckten Maschen umspinnt und daneben in dem verbindenden follikulären Stratum weitere Blutgefässe in den Follikel hereinsendet, zur Fortsetzung des Netzes der Haargefässe.

Die Wurzeln des Venensystems in der eigentlichen Schleimhaut beginnen in üblicher Weise von den ringförmigen, die Drüsenmündungen umgebenden Haargefässen der Oberfläche. Durch den raschen Zusammentritt der feinen Abflussröhrchen entstehen ansehnliche, 0,025—0,04''' dicke Venenstämmchen, welche senkrecht durch die Schleimhaut herabsteigen und hierbei seitlich die von den *Peyer*'schen Follikeln gesammelten und an ihrem Rand herablaufenden venösen Gefässwurzeln in sich aufnehmen.

Dieses Gefässnetz, wenn auch im Einzelnen mancherlei untergeordnete Modificationen darbietend, schliesst sich eng dem des wurmförmigen Fortsatzes und namentlich dessen Anfangspartie an.

In den Follikeln finden sich, wie dort so auch im Sacculus rotundus zweimal centrale weitmaschigere Capillarnetze ohne terminale Schlingen und gefässfreies Centrum.

Die Lymphbahnen betreffend fanden wir Folgendes: Die unter der

Serosa laufenden horizontalen Netze von klappenführenden Lymphgefässen verhalten sich wie im wurmförmigen Fortsatze. Auch hier treten durch die Muskelhaut und das submucöse Stratum Lymphcanäle zum Umhüllungsraume des Follikels und senken sich in diesen ein. Wie im Processus vermiformis staut sich die Injectionsmasse ebenfalls leicht in den beiden engen Furchen, welche durch die einspringende Warze an den oberen Enden dieses Raumes hervorgebracht werden. Von hier aus beginnt dann abermals durch die Verbindungssubstanz der eingeschnürten Follikelstelle dasselbe Netzwerk feiner Lymphcanäle, welches wir ausführlich bei dem vorher besprochenen Darmstücke geschildert haben. Die Weite der Bahnen und die Form ihrer Maschen bieten nennenswerthe Unterschiede nicht dar. Die Höhe dieses Maschenwerkes und der verbindenden folliculären Schicht überhaupt dürfte auf $^1/_5$—$^1/_6'''$ im Mittel angenommen werden.

Aus diesem Netze und in ziemlich regelmässigen Abständen steigen schlanke, verticale Canäle nach oben, dringen in den unten zugespitzten Anfangstheil des keilförmigen Wallringes ein und steigen zwischen den Schlauchdrüsen nach oben. Die Quermesser dieser Röhren sind bei ihrem Auftauchen 0,01—0,015''', um im weiteren Aufsteigen stärker sich zu gestalten zu 0,015, 0,02—0,025'''. In einiger Entfernung, etwa $^1/_4'''$ unterhalb der Schleimhautoberfläche, geben jene Röhren, gewöhnlich unter fast rechten Winkeln, Seitenbahnen von verschiedenem Caliber ab, die die mit denen der Nachbarschaft sich verbinden und so ein horizontales Netzwerk bilden, welches reichlicher, aber weniger regelmässig ist, als das entsprechende des wurmförmigen Fortsatzes.

Während aber in diesem letzteren die Lymphbahn mit dem eben erwähnten horizontalen Netzwerk bekanntlich schloss, ist es anders im Sacculus rotundus. Sein horizontales Maschenwerk nämlich bleibt weiter von der freien Schleimhautfläche entfernt (im Mittel etwa $^1/_7$—$^1/_9'''$) und aus ihm erheben sich zahlreiche kurze, blindsackige Endzweige, welche eine kleine Strecke senkrecht emporsteigen und oft dicht unter der Mucosenfläche, 0,01—0,0443''', aber auch zuweilen 0,025—0,033''' entfernt ihr Ende nehmen. Hierbei sieht man eine Menge ampullenförmige Anschwellungen des Endes, 0,0333, 0,05''', ja noch mehr im Quermesser ergebend, welche von den leicht rundlichen Emporwölbungen der Schleimhautoberfläche aufgenommen werden.

Man erkennt schon bei der Betrachtung der Schleimhautoberfläche von oben mittelst des unbewaffneten Auges diese zahlreichen, blindsackigen Endgefässe als kleine gefärbte Punkte. Bei weitem zierlicher gestaltet sich das Bild, welches eine schwache mikroskopische Vergrösserung enthüllt. In der Tiefe liegt alsdann das horizontale Netzwerk und aus demselben steigen mit rundlicher Form im optischen Querschnitte gesehen die blindsackigen Enden der Lymphwege als Kolben empor. — Um von der Menge derselben eine Vorstellung zu geben, diene noch schliesslich die Notiz, dass das Sehfeld des Mikroskopes mit $\frac{1}{4}'''$ Radius ihrer 25 zeigte.

Die Querschnitte aus verschiedenen Höhen der Schleimhaut des Sacculus rotundus ergeben dieselben Parallelbilder, wie die Flächenschnitte des wurmförmigen Fortsatzes und werden desshalb nicht weiter besprochen.

Aber noch von einer anderen Localität müssen wir schliesslich die *Peyer*'schen Haufen des Kaninchens in den Kreis unserer Erörterungen ziehen.

Wie man namentlich seit den *Böhm*'schen Untersuchungen weiss, existirt ein ansehnlicher *Peyer*'scher Haufen auch unmittelbar am Eingange des so mächtig entwickelten Coecum. Hierüber drückt sich der Verfasser[1]) folgendermaassen aus:

»Praeterea in principio coli juxta valvulam Bauhini semper una quaedam invenitur glandula Peyeriana, ad quam interdum altera sed minor accedit. Quae quum omnium maxima contineat corpuscula, haud a re abhorrere putavi, si lectorum animum ad eam adverterem. Nam propter magnitudinem facillime haec corpuscula observantur; huc accedit, quod per formam latam et planam, et quod villis non cinguntur, multo facilior redditur disquisitio«.

Zunächst fällt, wie *Böhm* richtig bemerkt, an den betreffenden Follikelhaufen das System der Schleimhautwälle, der sogenannten Vaginula auf.

Netzförmig umgiebt es auch hier die Follikelkuppen, zeichnet sich aber durch seine relative Niedrigkeit aus. So ragt denn aus dem etwas mehr als $\frac{1}{2}'''$ im Durchmesser ergebenden Felde der obere Theil des Follikels in ansehnlicher Grösse hervor, mit seiner Spitze wenig unter der freien Schleimhautfläche verbleibend. Zur näheren Erkenntniss dienen nun vor Allem Verticalschnitte. Die Differenz zwischen beiderlei Höhen beträgt im Allgemeinen höchstens 0,025—0,05'''. Der Schleimhautwall selbst erscheint auch hier wiederum nach unten keilförmig zugespitzt, in ungefährer Höhe von etwas über $\frac{1}{5}'''$. Seine Oberfläche ist für das unbewaffnete Auge mehr glatt, der Zotten entbehrend, und in ihrer grössten Breite $\frac{1}{5}$—$\frac{1}{4}'''$ ergebend. Kleine rundliche oder mehr niedrige Vorsprünge treten dagegen über die Höhen und die Seitenflächen des Walles verbreitet bei Anwendung des Mikroskopes hervor. In den Wällen bemerkt man die convergent gestellten, 0,1—0,125''' langen und 0,025''' dicken Schlauchdrüsen.

Die von Cylinderepithelium bekleidete Follikelkuppe misst durchschnittlich $\frac{1}{4}'''$ in Höhe bei einer Breite von $\frac{1}{5}$—$\frac{1}{4}'''$. Ihre Spitze ist stumpf, bisweilen leicht eingekerbt. Die verbindende Schicht, natürlich auch hier nicht fehlend, besitzt eine mittlere Mächtigkeit von $\frac{1}{5}$—$\frac{1}{7}'''$.

[1]) a. a. O. p. 46.

Der Grundtheil des Follikels zeichnet sich durch Grösse und Breite bei verhältnissmässig geringer Entwickelung der Längsdimension aus. Wir fanden als Quermesser im Mittel ungefähr $\frac{1}{3}'''$, als Längenmesser entweder die gleiche Ziffer oder sogar beträchtlich weniger. Manche Follikel sind nämlich durch eine bedeutend höhere Verbindungsschicht zusammenhängend, so dass der freie Grundtheil beträchtlich niedrig ausfällt, ähnlich wie an den Follikeln des Ileum. Deutliche, aber enge und schmale Umhüllungsräume treten hier schon am nicht injicirten Objecte entgegen. Oft sind sie recht kurz, frühzeitig endigend. In jene springt die Unterfläche der follikulären Verbindungsschicht bald in Gestalt gewöhnlicher Warzen, bald sehr zugespitzt ein; öfters setzt sie sich auch nach abwärts zur Submucosa in Form breiter, den lymphoiden Charakter tragender Stränge fort, welche den Follikelrändern enge anliegen, so dass man abermals an die einfachen Haufen des Ileum erinnert wird.

Stärkere Vergrösserungen zeigen in den Wällen den gewöhnlichen Charakter des lymphzellenführenden Darmschleimhautgewebes und eingebettet reichliche convergent gestellte Schlauchdrüsen.

Feine Querschnitte aus dem Verbindungstheile ergeben dann wiederum den follikulären Charakter der die einzelnen Follikelquerschnitte verlöthenden Zwischensubstanz und lassen schon ohne vorherige Injection die schmalen und engen Lymphwege in der gewöhnlichen Beschaffenheit erkennen, die auch in den Schleimhautwällen erkenntlich sind. An einem sehr günstig erhärteten Objecte überzeugten wir uns mittelst zahlreicher Pinselpräparate auf das Deutlichste, wie sowohl durch die Kuppe, als den Mittel- und Grundtheil die Haargefässe und das netzförmige bindegewebige Gerüste continuirlich verliefen. An einem anderen Präparate, bei weniger glücklicher Erhärtung, fiel regelmässig aus dem Centrum des Follikelgrundes die Inhaltsmasse heraus, so dass beim Zuge der Klinge des Rasirmessers schon scheinbare Centralräume dem Auge entgegentreten. So entstehen jene Trugbilder, wo freilich eine genaue mikroskopische Analyse die abgerissenen Enden der gegen den centralen Theil strebenden Haargefässe und Netzfasern erkennen lässt. Das Verhalten der Blutgefässe bietet ähnliche Anordnungen dar, wie wir sie für andere Peyer'sche Drüsen des Kaninchens kennen gelernt haben. Am ähnlichsten dürfte, abgesehen von der verschiedenen Entwickelung der Schleimhautwälle, die Anordnung derjenigen sein, welche wir früher für den Anfangstheil des wurmförmigen Fortsatzes schilderten.

Wir sehen endlich nach Demjenigen, was die Injection für den betreffenden Peyer'schen Haufen lehrt. Am meisten wird das Verhalten der Lymphwege in den Schleimhautwällen in Frage kommen. —

Hinreichende Einfüllungen sind übrigens schwieriger als beim Sacculus rotundus und dem wurmförmigen Fortsatze des gleichen Thieres zu gewinnen. Die relative Enge der Umhüllungsräume erklärt dieses leicht.

Man erhält auch hier unter der Schleimhaut das gewöhnliche weitmaschige Netzwerk starker Lymphbahnen, demjenigen des Processus vermiformis ähnlich. Die Quermesser jener Wege ergeben im Mittel 0,02, 0,025—0,03333 und 0,04'''. Von ihnen aus füllen sich die Umhüllungsräume. Das Bild derselben ist jedoch ein ganz verschiedenes, je nachdem wir im Verticalschnitte die Seitenwand des Follikels oder dessen Axentheile getroffen haben. Im ersteren Falle bemerkt man unregelmässige eckige, zackige und sternartige Räume mit der Injectionsmasse gefüllt und durch feine Wege zusammenhängend, so dass ein Bild entsteht, wie wir es später im Blinddarm der Katze wiederfinden werden. Ist der Verticalschnitt durch die Längsaxe des Follikels gegangen, so sind die Ränder des Follikeldurchschnittes von ungewöhnlich schmalen und durchaus nicht über grosse Strecken continuirlichen Umhüllungsräumen von 0,01, 0,0125—0,015 und 0,0175''' Breite umzogen. Sonach umzieht den Follikelgrund statt des einzigen Umhüllungsraumes hier ein System zackiger und sternartiger Hohlräume, welche sich durch bedeutende seitliche Compression auszeichnen. Wir werden diese Modification bei andern *Peyer*'schen Drüsen später wiederkehren sehen und bemerken nur, dass schon die Haufen des Ileum beim Kaninchen einen ganz gleichen Bau der umhüllenden Räume unter Umständen darbieten können.

Aus jenen umgewandelten Umhüllungsräumen dringen feine Gänge (0,01—0,005''' im Quermesser) in die Verbindungssubstanz herein. Bei ihrer so verschiedenartigen Endigung nach abwärts, treten uns viele Modificationen der Bahnen entgegen. Bald mehr einfach, bald bei breiterer Verbindungssubstanz in ganzen Netzen setzen jene Gänge ihren Weg nach oben fort, bald mit gleicher Feinheit, bald weiter geworden, so dass Dicken von 0,02—0,025''' hier bemerkt werden können. In den Schleimhautwällen endlich steigen zum Theil ganz feine, zum Theil recht weite Lymphbahnen nach aufwärts, um in einiger Entfernung von der Oberfläche horizontaler Netze bald feinerer bald weiterer (0,005 und 0,01—0,02''' messender) Röhren zu bilden.

Hiermit sind denn auch die Horizontalschnitte in Uebereinstimmung. Man erkennt beim Abtragen der Schleimhautoberfläche in den netzförmigen Wällen die peripherischen Lymphbahnen netzförmig angeordnet, ohne erheblichere blindsackige Endigungen nach aufwärts. Tiefer abwärts gewinnt man die Querschnitte der absteigenden Bahnen, aber in unregelmässigerer Form und Weite, als am Processus vermiformis; dann erscheinen die engeren Netzbahnen des Verbindungstheiles und endlich gleichfalls netzartig und oft unterbrochen die Horizontalansichten der Umhüllungsräume.

Nachdem wir so für das Kaninchen mehrfache Gestaltungen der *Peyer*'schen Drüsen und ihrer Lymphbahnen kennen gelernt haben, gehen wir nun über zur K a t z e.

Wir untersuchten hier den kleinen Blinddarm, welcher bekanntlich dicht gedrängte Follikel enthält und somit in seinem feineren Bau nicht das eigentliche Coecum, sondern einen wurmförmigen Fortsatz darstellt. Die Structurverhältnisse bieten manches Sonderbare dar; der oberste blindsackige Theil des Coecum zeigt eine mehr glatte Oberfläche (Fig. 13), während an den tieferen unteren Stellen (Fig. 14) — wenigstens bei dem von uns untersuchten Exemplare — Zotten (a), bald mehr klein und niedrig, bald lang und schlank, vorkommen. Abgesehen von diesen Erhebungen hat die Schleimhaut selbst nur eine Höhe von $1/8'''$ und trägt dicht gedrängt zahlreiche Schlauchdrüsen (Fig. 13 a und 14) eingebettet. Den Quermesser derselben fanden wir im Mittel $1/40-1/50'''$. Unter den blindsackigen Enden zeigt sich, die eigentliche Schleimhaut abgrenzend, eine entwickelte, bis 0,025''' dicke Muscularis mucosae (e,*e). Unter dieser Lage tritt mit der gewaltigen Höhe von $3/4'''$ das submucöse Zellgewebe uns entgegen. In ihm liegen, und zwar $2/3$ bis $3/4$ seiner ganzen Dicke einnehmend, die grossen Grundtheile Peyer'scher Follikel (Fig. 13 d, 14 d), gewöhnlich dicht gedrängt, bisweilen weitere Abstände zwischen sich lassend. Diese Abstände können eine Enge von nur 0,01''' darbieten. Andere breitere Trennungen können aber 0,025, ja sogar 0,1''' Breite zeigen. Die Form des Follikel-Grundes ist im Allgemeinen eine länglich runde; indessen finden sich hier mancherlei Verschiedenheiten. Zwischen manchen ziemlich grossen, tief in das submucöse Gewebe hineinragenden Follikeln können andere, in Quere und Länge viel kleinere auftreten. Nach oben, und zwar in der nicht unbeträchtlichen Breite von 0,05—0,1''', pflegen die Follikel continuirlich in einander überzugehen, so dass (Fig. 13. 14 c) auch hier eine Schicht verbindender folllikulärer Substanz existirt.

Fragen wir nun nach dem oberen kuppenförmigen Endtheil der Follikel (Fig. 13 b, 14 b). Hat man feine verticale Schnitte, so sieht man, wie an einem grossen Theil der Follikel die Muscularis mucosae über der Höhe des Follikels eine Strecke weit unterbrochen ist, wie sich hier die Follikelmasse in einer Breite von $1/4$ und $1/8'''$ in die eigentliche Schleimhaut hinein fortsetzt und eine im Allgemeinen flache, niedrige Kuppe von 0,125, 0,15—0,1525''' bildet, welche bei der Dünne der Coecumschleimhaut nur wenig tiefer erscheint als die freie Schleimhautoberfläche selbst. An feinen Schnitten zeigte sich über einzelne Follikel die Muskelschicht continuirlich; vermuthlich ist hier der Durchschnitt nicht durch die Mitte eines Follikels gekommen. Indessen wollen wir die Möglichkeit offen halten, dass einzelne Follikel ohne Kuppe bleiben. Verfertigt man alsdann noch die ferneren Querschnitte, so ergeben sich die correspondirenden Bilder. Die Follikelkuppen scheinen ziemlich getrennt auch in ihrem untersten Uebergangstheile von der eigentlichen Schleimhaut zu bleiben. Querschnitte durch den Follikelgrund zeigen hinsichtlich der Umhüllungsräume anfangs ein sehr befremdendes Verhalten. Man glaubt nämlich dieselben ganz zu vermissen, indem das submucöse Bindegewebe zwischen den Follikeln erscheint. Bei genauerem Zusehen erkennt man in demselben Lücken, welche zur Lymphbahn gehören dürften, eine Vermuthung, die durch das injicirte Präparat, wie wir später sehen werden, bestätigt wird.

Die Injection nun muss, indem eine bedeutende Enge der Lymphwege vorliegt, als eine recht schwierige bezeichnet werden; wie sie uns denn auch nur einmal ziemlich vollständig geglückt ist. Aus der Muskelhaut kommen feine etwa $0{,}0125 - 0{,}01667'''$ messende Stämme, welche in dem untersten Theil der Submucosa mehr oder weniger senkrecht aufsteigen (Fig. 13 i, Fig. 14 i). Dann findet man, wie dieselben unter Abgabe von Aesten und Verbindung derselben ein horizontales Netzwerk von Lymphgefässen bilden mit polyedrischen Maschen von verschiedener Grösse und im Allgemeinen engen Röhren, die an ihren Knotenpunkten beträchtliche Erweiterungen, wie man sie sonst von derartigen Ausbreitungen der Lymphgefässe vielfach kennt, herstellen. Man kann dieses horizontale Netzwerk als das tiefere der Submucosa bezeichnen und über ihm noch ein zweites höheres im Allgemeinen weiterer Röhren unterscheiden; beiderlei Netze stehen wiederum durch senkrechte Zweige im Zusammenhang.

Feine Verticalschnitte der Schleimhaut lassen uns diese verbindenden Röhren auf das Deutlichste erkennen; ebenso finden wir, dass das oberflächlichere Netz in der Gegend des Follikelgrundes seine Ausbreitungs-Ebene findet, und wenigstens sehr häufig um den basalen Theil des Follikelgrundes eine beträchtliche cavernöse Erweiterung bildet. Von hier aus sehen wir nun die Lymphbahnen als wandungslose Ströme die untere Follikelhälfte umziehen (Fig. 13 h, Fig. 14), aber unter einer überraschenden Modification. Statt des einfachen Umhüllungsraumes nämlich, wie wir ihn bisher in *Peyer*'schen Drüsen gefunden hatten, sehen wir ein System netzförmiger Lymphwege bald mit sparsamerer, bald mit sehr reicher Maschenbildung die Follikelperipherie umziehen (Fig. 13 g, 14 h). Sind die beiden angrenzenden Follikel durch einen breiteren bindegewebigen Zwischenraum getrennt, so gewinnt unser Netzwerk seine grösste Entfaltung, und die beiderlei peripherischen Netze der einander zugekehrten Follikel stehen durch seitliche Zweige in Verbindung. Sind dagegen zwei Follikel einander sehr genähert, so erkennen wir die netzförmigen Gänge vereinfacht; mehr zu Umhüllungsräumen werdend. Niemals jedoch haben wir jene einfachen derartigen Räume gesehen, welche wir früher für den wurmförmigen Fortsatz des Kaninchens etc. geschildert haben. Auch an der Stelle grösster Follikelannäherung (d. h. also in der Aequatorialebene der unteren Follikelhälfte) bleiben die umhüllenden lymphoiden Netzbahnen durch schmale Zwischenräume des submucösen Gewebes geschieden. Bis zu diesen Stellen existirt eine fortgehende Verfeinerung der Bahn (vgl. Fig. 12 b). Unsere Messungen zeigen gerade an letzterer Localität neben einzelnen weiteren Lymphcanälen die grosse Mehrzahl derselben bis zu 0,02, 0,04, ja bis zu 0,005''' herabgesunken.

Von da an steigt, den gleichen Charakter bewahrend, das peripherische Lymphnetz der Follikel nach oben, und gelangt so in die follikuläre Verbindungssubstanz. Hier behält es einen wesentlich gleichen Charakter und sammelt sich dann zu einzelnen Röhren, welche die Muskelhaut der Mucosa perforiren und so in die eigentliche Schleimhaut selbst gelangen. Sie steigen dann zwischen den Drüsenschläuchen (Fig. 13 a, Fig. 14 g) nach oben, um sich zur freien Schleimhautoberfläche je nach dem Bau der letzteren verschieden zu verhalten. Ist diese mehr glatt (Fig. 13 a), dann dürfte in einiger Entfernung von derselben durch rechtwinklige Astabgabe die bekannte horizontale Endausbreitung erfolgen, derjenigen ähnlich, welche wir in einer früheren Arbeit für das Colon mancher Säugethiere geschildert haben. Trägt dagegen die Schleimhaut Zotten (Fig. 14 a), so erheben sich aus dem horizontalen Netzwerk aufsteigende, die Zottenaxe einfach durchziehende Chylusgefässe, welche bald höher oben, bald tiefer von der Zottenspitze entfernt ihr Ende nehmen.

So hätten wir auch hier wiederum ein zu- und abführendes Gefässsystem für die *Peyer*'schen Follikel kennen gelernt, zugleich aber eine eigenthümliche Umwandlung des Umhüllungsraumes in netzförmige Lymphcanäle gefunden.

Wir gehen nun zunächst abermals zu *Peyer*'schen Drüsen dicker Därme über, und reihen dasjenige an, was wir im Blinddarm des **Meerschweinchens** injicirt und beobachtet haben.

Unsere Versuche, *Peyer*'sche Drüsenhaufen in den so dünnwandigen Dünndärmen des kleinen Thieres zu injiciren, waren nicht von Erfolg gekrönt. Dagegen gelang uns wenigstens zweimal die Injection im Blinddarm dieses Geschöpfes. Das Meerschweinchen führt nämlich drei, vier, fünf kleine, länglich runde Ansammlungen der Art, wie es scheint regelmässig, in dem betreffenden Darmstück, bestehend aus einer geringen Zahl kleiner rundlicher Follikel. Das so kleine Object gestattet die Erkennung des feineren Baues nur schwierig. Auch hier (Fig. 15) liegen die Follikel, wenig über ¼''' gross und durch ziemlich breite Partieen verbindender follikulärer Substanz von einander entfernt, mit ihrem rundlichen unteren Theile (d) im submucösen Gewebe. Ueber ihnen verläuft einmal die sehr dünne Muscularis mucosae und dann die eigentliche, etwa 0,1''' hohe Schlauchdrüsen führende Schleimhaut (a). Ob alle die Follikel nach oben mit kuppenförmigen Endtheilen (b) die Schleimhaut durchbohrten, vermögen wir nicht mit Bestimmtheit zu sagen. Unsere Präparate lassen wenigstens an gar manchen Follikeln davon nichts erkennen, so dass wir glauben, es bleibt hier, ähnlich wie bei den von uns früher geschilderten[1]) follikulären Anhäufungen im Colon

---

1) S. diese Zeitschrift, Bd. XII, S. 345.

des Kalbes, ein Theil jener unter der eigentlichen Schleimhaut. Die Lymphwege sind hier wiederum eigenthümlich, zum Theil zusammenfallend mit den ziemlich weit von einander entfernt stehenden Follikeln. Schon früher hatten wir nämlich die plumpen kolbigen Lymphgefässanfänge aus dem Colon dieses Thieres geschildert[1]). Dieselben kommen auch im Coecum über den *Peyer*'schen Haufen vor (*e*). An der Schleimhautunterfläche angelangt, bilden sie ein horizontales Netzwerk (*f*) im Allgemeinen recht weiter Bahn (0,0333, 0,02—0,04"'). Aus diesem steigen ähnlich weite Röhren netzförmig verbunden durch die weiten Zwischenräume zwischen den Follikeln herab (*g*), um unter diesen zu einem zweiten horizontalen Netzwerk dicker Stämme sich zu verbinden.

Die der Follikelperipherie zunächst liegenden herabsteigenden Röhren bilden, ein unvollkommenes kugliges Netzwerk herstellend, abermals den modificirten Umhüllungsraum des Follikels.

Sonach hätten wir hier ein drittes mittleres Structurverhältniss kennen gelernt, zwischen dem einfachen Umhüllungsraum des Kaninchens und dem so complicirten engen umhüllenden Netzgerüste, wie es die Coecalschleimhaut der Katze dargeboten hatte.

Wir geben nun über zu den *Peyer*'schen Drüsen grösserer Säugethiere und besprechen zunächst die grossen und zahlreichen Plaques, welche in den dünnen Därmen des Kalbes vorkommen.

Ueber diese hat bereits *His* ausführliche Mittheilungen gemacht, welche wir detaillirt früher wiedergegeben haben. Im Allgemeinen sind auch wir für die Follikel, was Lage, Form, Verbindungen betrifft, ebenso die feinere Structur, zu ganz ähnlichen Resultaten gelangt, nicht so jedoch in Betreff der Lymphwege. Jener Beobachter hat offenbar nur dürftige Injectionspräparate zu seiner Verfügung gehabt und so keine genügende Vorstellung von dem grossen Reichthum lymphatischer Bahnen gewonnen.

Die Follikel der *Peyer*'schen Haufen beim Kalb verhalten sich an den einzelnen Stellen der dünnen Därme nach dem, was wir fanden, recht verschieden. Hoch oben in den Dünndärmen in der relativ einfachsten Form und vom geringsten Ausmaass (Fig. 16) nehmen sie nach abwärts durch das Ileum an Grösse und Complication zu, um in den Endtheilen dieses Darmstückes ihre grösste Ausbildung zu gewinnen (Fig. 17).

Wir können auch hier an jedem Follikel die drei schon so vielfach besprochenen Particen unterscheiden, nämlich die Kuppe, die mittlere Verbindungspartie und den Grundtheil. Zwischen diesen letzten untersten Theilen entwickelt sich aber hier ein ausgebildetes System fibröser Scheidewände, das uns bei kleinen Säugethieren nicht vorgekommen ist und allerdings mit den Septensystemen der Lymphdrüsen verglichen werden muss. — Merkwürdig verhalten sich für dreierlei Organe, die

---

[1]) S. diese Zeitschrift, Bd. XII, S. 345.

Milz, die Lymphdrüsen und die Peyer'schen Haufen bei derselben Thierspecies die Septensysteme gleich, so dass sie bald wenig oder auch gar nicht entwickelt oder sehr ausgebildet getroffen werden.

An hoch oben gelegenen Peyer'schen Haufen (Fig. 16) fanden wir häufig die Grundtheile (d) in länglich runder Form $0{,}02 - 0{,}02666'''$ hoch, $0{,}01333 - 0{,}02'''$ breit. Die verbindende folliculäre Substanz (c) in einer Höhe von $0{,}00667 - 0{,}01667'''$ zog sich nach unten regelmässig in die warzenförmigen Vorsprünge aus, welche wir vielfach bei andern Thieren schon besprochen haben. Aber die nach abwärts stehende Warzenspitze (e) geht fast allgemein, ihren lymphoiden Charakter verlierend, in einen fibrösen Strang aus, welcher senkrecht zwischen je zwei Follikeln herabsteigt und an der Unterfläche der Follikel angekommen mit dem submucösen Bindegewebe verschmilzt, welches den Grundtheil des Umhüllungsraumes bildet (f). Man kann also somit sagen, dass der bei kleineren Säugethieren je zwei Follikeln gemeinschaftlich zukommende Umhüllungsraum durch die fibröse Scheidewand in zwei specielle Räume zerlegt ist. Ueber der gemeinschaftlichen folliculären Substanz erhebt sich der Kuppentheil des Follikels (b) in ansehnlicher Mächtigkeit $0{,}016 - 0{,}02'''$ hoch, auf der Höhe nicht selten in eine kleine Spitze ausgezogen. Die ganze Oberfläche des Kuppentheiles springt wiederum frei in die Darmhöhle ein und ist nur von Cylinderepithelium bedeckt; die angrenzenden Darmzotten, bald in alter Höhe, bald kleiner, kürzer, unregelmässiger geformt (a), stellen in kreisförmiger Gruppirung die Vaginula her.

Steigen wir tiefer im Dünndarm hinunter, so bleibt das Verhältniss der Kuppe im Allgemeinen ein ähnliches; nur wird sie unverkennbar höher und schmäler. Die verbindende folliculäre Substanz springt nach unten hier und da in dünnere spitzere Kegel am senkrechten Durchschnitt aus. Die von ihr abtretenden Stränge compliciren sich stärker und stärker; ein Theil derselben, den folliculären Charakter mehr oder weniger beibehaltend, senkt sich nach kürzerem oder längerem Verlauf in einen benachbarten Follikelgrundtheil ein. Die Mehrzahl der Fortsätze jedoch verwandelt sich in fibröse Scheidewände, die gegen die Submucosa angekommen oft starke, rasch aufeinanderfolgende Theilungen erfahren, wobei ein Theil der Seitenstränge in dem Follikelgrund sich einsenken kann oder auch wohl Verbindungen mit anderen Strängen erfährt, die vom Follikelgrund kommend, die basale Partie des Umhüllungsraumes durchsetzen. Der Grundtheil des Follikels endlich nimmt an derartigen Plaques unter geringerem Quermesser an Länge bedeutend zu. Indessen verliert sich hier die frühere Regelmässigkeit, so dass neben unteren Follikelpartieen, die $\frac{1}{3}'''$ messen, andere auftreten, welche mehr als $\frac{1}{2}'''$ in der Längsrichtung darbieten. Die Zotten zwischen derartigen Follikeln sind unverkennbar kürzer.

Ganz unten im Ileum erscheinen mächtig hohe Plaques. Untersucht man diese an Verticalschnitten (Fig. 17), so fallen die bedeutend verkleinerten Zotten (a) zwischen den verschmälerten Follikelkuppen (b) auf Die mittlere Partie des Follikels (c) ist dieselbe geblieben; nur sind die warzenförmigen Einsprünge des follikulären Gewebes schlanker und namentlich unregelmässiger. Ebenso wird das System der Scheidewände (e) schwächer.

In merkwürdiger Weise aber ist der untere Theil des Follikels verändert (d). Verschwunden ist die alte rundliche Form. Eine lange schmale Gestalt, $\frac{1}{2}$—$\frac{2}{3}'''$ lang mit $\frac{1}{7}$—$\frac{1}{8}'''$ Quermesser tritt uns entgegen, ohngefähr so wie manche Formen kurzer und weiter Schlauchdrüsen zu erscheinen pflegen.

Wir bemerken endlich, dass an allen *Peyer*'schen Haufen des Kalbes die mittlere folliculäre Schicht die benachbarten Follikel verbindet und nach oben ohne Grenze in das Schleimhautgewebe zwischen den **Lieberkühn'schen Drüsen sich fortsetzt.**

Die Lage der Muscularis mucosae endlich ist unserer Ansicht nach für die grossen *Peyer*'schen Haufen des Kalbes von *His* unrichtig angegeben worden. Wir stimmen hier mit den früheren Mittheilungen *Kölliker*'s überein, indem das betreffende Stratum dicht unter den Schlauchdrüsen und somit in der Höhe der folliculären Verbindungssubstanz uns entgegentrat (Fig. 17 k).

Was endlich die Lymphwege betrifft (Fig. 16 und 17), so können wir uns hier kurz fassen. Durch die Submucosa (f) laufende enge Bahnen (i) senken sich in den Umhüllungsraum der unteren Follikelpartie ein (h); dieser ist im Allgemeinen eng, namentlich da, wo die untere Follikelpartie ihre grösseste Breite erreicht.

Verfertigt man sich an dieser Stelle einen Querschnitt, so sieht man die kreisförmigen Follikel durch einen schmalen Zwischenraum getrennt von dem Netzwerk fibröser Scheidewände und jenen Raum mit der Injectionsmasse erfüllt.

Kehren wir zum Verticalschnitt zurück, so finden wir am oberen Ende der Umhüllungsräume ein recht entwickeltes Netzwerk sehr zahlreicher enger Lymphbahnen seinen Ursprung nehmen, welches die folliculäre Verbindungsschicht senkrecht aufsteigend durchsetzt (Fig. 16 und 17 g, g).

Ein Querschnitt aus dieser Höhe genommen giebt uns ein ähnliches Bild, wie wir es für den wurmförmigen Fortsatz des Kaninchens kennen gelernt haben. Kreisförmig von der Lymphbahn eingegrenzt, finden wir die einzelnen Follikelhälse, und die benachbarten Ringe hängen durch ein breites, sehr entwickeltes Netzwerk enger Lymphbahnen zusammen.

Wenden wir uns wieder zum Verticalschnitt, so sehen wir am oberen Ende der folliculären Verbindungsschicht die engen Bahnen des Netzwerkes der Lymphwege in die Zwischenräume zwischen *Lieberkühn*'schen Drüsen sich fortsetzen. Auch hier kommen häufige quere Verbindungszweige vor. Aus ihnen endlich unter Zusammentritt benachbarter Bahnen entspringen die etwas weiten Endwege, welche in die Zotten (oder die modificirten zottenähnlichen Fortsätze der Schleimhaut) sich einsenken und in der Axe derselben verlaufend blind endigen, wobei nicht selten eine beträchtliche ampulläre Anschwellung zu bemerken ist (Fig. 16 und 17 a, a).

Dasjenige, was *His* über Querschnitte aus jenen oberen Schleimhautschichten berichtet hat, können wir nur einfach bestätigen.

Gehen wir nun über zu den *Peyer*'schen Drüsen des Schafs. Hier haben wir die langen, fast bandartigen Plaques untersucht, welche in den unteren Partieen des Ileum vorkommen.

Ueber sie berichtet unser Vorgänger *His*[1]) Folgendes:

Gedrängt liegende Follikel befinden sich ganz in der Schleimhaut, eine Schicht von $1/8 - 1/2'''$ Mächtigkeit bildend. Wo die Follikel getrennter liegen und die Schleimhaut selbst dünn ist, treten sie mit ihren kuglig verdickten äusseren Enden in die Submucosa.

In ausgebildeten Plaques springen die einzelnen Follikel mit ihrer inneren Wand frei gegen die Schleimhautoberfläche vor. Sie sind durch kreisförmige Wälle zottentragenden Zwischengewebes getrennt. Zwischen den oberen Theil der Follikel einer Plaque schiebt sich die drüsentragende Schleimhaut in Form von mehr oder minder breiten Brücken ein. Unterhalb der die Follikel umgebenden Kreisfurche verlöthet sich die Substanz dieser Zwischenbrücken mit derjenigen der mittleren Follikelzonen. Nach abwärts wird die Verbindung wiederum in grösserer oder geringerer Ausdehnung durch die spaltförmigen Schleimhautsinus unterbrochen. Die interfollikulären Substanzbrücken selbst zeigen sich stellenweise von Spalten zerklüftet, welche zuweilen bis in die Zotten hinein verfolgt werden können. Die *Lieberkühn*'schen Drüsen gehen zwischen den Follikeln nur bis etwa zur halben Tiefe der Schleimhaut herab.

Querschnitte unterhalb der Zottenbasis gewonnen, zeigen beim Schafe rundliche ($1/6 - 1/4'''$ im Durchmesser betragende) Lückenräume, aus denen die Follikel theilweise herausgefallen sind, theilweise aber auch durch Substanzbrücken festgehalten werden. Die Substanz zwischen den Lücken zeigt in zwei bis vierfacher Reihe die Querschnitte der Drüsenschläuche. Weiterhin wird letztere aber von längeren oder kürzeren Spalträumen durchsetzt, welche im Allgemeinen, doch nicht ausschliesslich, einen ähnlichen Verlauf befolgen wie die interfollikulären Substanzbrücken. Es können in einer Brücke ein längerer, bald aber auch zwei parallel neben einander verlaufende derartige Sinus vorkommen; man trifft aber endlich auch eine ganze Anzahl derselben scheinbar regellos zerstreut. Etwas tiefer ist die ganze Schleimhaut durch langgestreckte, meist etwas gekrümmt verlaufende Spalten in eine grosse Zahl rund-

---

1) a. a. O. S 14.

licher oder polygonaler Felder abgetheilt, welche ihrerseits durch längere oder kürzere Substanzbrücken mit einander zusammenhängen und die Chylusbahnen sind. In der Mitte des Feldes erscheint der Follikel, während die peripherischen Theile jenes von drüsentragender Substanz eingenommen sind. Die einzelnen Follikel hängen dabei mit dem übrigen Schleimhautgewebe durch von ihrer ganzen Peripherie abtretende Verbindungsbrücken von drüsentragender Substanz zusammen. Letztere besitzt den gleichen Bau wie das in seinen Knotenpunkten kernlose Netzgewebe des Follikels selbst. Auch hier will sich *His* an Pinselpräparaten von dem schlingenförmigen Umbiegen der Follikelcapillaren vor Erreichung des Centrums überzeugt haben, ebenso davon, dass die Formation des Netzgewebes nach innen zu lockerer werde und schliesslich ganz aufhöre. Die Form der Maschen ist in den interfollikulären Substanzbrücken und in der Peripherie der Follikel eine mehr langgestreckte, gegen das Centrum hin mehr rundliche.

Ein Flächenschnitt, unterhalb der blinden Enden der Schlauchdrüsen gewonnen, zeigte *His* zwischen den Follikeln breitere Brücken eines Gewebes, welches viele Durchschnitte stärkerer Blutgefässe erkennen liess. Von diesen interfollikulären Brücken waren die Follikel meistens im grösseren Theile ihres Umfanges durch eine kreisförmige Spalte, den Schleimhautsinus, getrennt, im übrigen Theile aber mit jenem Gewebe ohne Grenze verschmolzen, so dass man sagen kann, es legen sich die interfollikulären Substanzbrücken bald an dem einen, bald an den andern Follikel an, um mit ihm innig zu verlöthen. Das Netzgerüste ist auch hier wie im Follikel selbst beschaffen.

So konnte *His* wie beim Kaninchen die drei Follikelpartieen darthun; die obere Zone blieb entweder frei oder war durch gefässtragende Substanzbrücken mit dem benachbarten drüsentragenden Schleimhautgewebe verbunden. Vorwiegend zu dieser Verbindung aber dient die Mittelzone. Die fibrösen Scheidewände zwischen den Follikeln, wie sie das Kalb besitzt, fehlen hier und sind durch keilförmige Verlängerungen des Schleimhautgewebes, welches den adenoiden Charakter trägt, ersetzt.

Unsere eigenen Untersuchungen ergaben Folgendes:

Verfertigt man sich einen Verticalschnitt durch einen jener langen Plaques, wie sie im Ileum des Schafes so zahlreich vorkommen, so bemerkt man die Kuppen der *Peyer*'schen Follikel, von netzförmigen Schleimhautwällen, welche auf ihrer Höhe entweder gewöhnliche oder modificirte Zotten tragen, eingegrenzt. Die Breite dieser Wälle kann über $\frac{1}{2}'''$ betragen, aber auch nur $\frac{1}{8}$ und $\frac{1}{4}'''$ messen. Der Eingang zur Follikelkuppe ist im Uebrigen ein weiter, und die ganze Grube wenig tief, so dass die Spitze des Follikels nur $\frac{1}{8}-\frac{1}{6}'''$ ohngefähr unter der Schleimhautoberfläche liegt. In den Schleimhautwällen finden wir die Schlauchdrüsen wieder, welche, wie *His* richtig angiebt, zwischen den Follikeln nur durch die halbe Dicke der Mucosa herabragen. Nach unten geht der Schleimhautwall im Allgemeinen keilförmig aus; jedoch in sehr verschiedener Breite. Stehen die Follikel nämlich getrennt, so kann der Wall in seinem untersten Theil nur $0,06667'''$ an Breite messen, während er an andern Stellen die doppelte und dreifache Dicke zeigt.

Was die Follikel selbst betrifft, so sind dieselben ungewöhnlich niedrig und breit und in der Regel mit ihrer Unterfläche an der Grenze der Schleimhaut ebenfalls ihr Ende nehmend. Länge und Quere verhalten sich ohngefähr gleich und ergeben im Mittel etwa $\frac{1}{8}-\frac{2}{5}'''$. Die Kuppe erscheint entweder ganz rund oder stark abgeplattet. Die Höhe des ganzen Kuppentheiles beträgt im Mittel $0,10667-0,13333'''$. Die verbindende follikuläre Lage ist ebenfalls ansehnlich, $\frac{1}{8}-\frac{1}{10}'''$ hoch, so dass der Grundtheil des Follikels sehr unbedeutend ausfällt und nur als ganz schwach gewölbte unterste Follikelpartie erscheint. Umhüllungsräume sind dem entsprechend nur in sehr geringer Entwickelung und Ausdehnung unterhalb der Follikel zu erkennen, ohne an den Seitentheilen jener irgend wie in die Höhe zu steigen. Man wird an die einfachen Plaques aus dem Ileum des Kaninchens erinnert; und auch beim Schaf stehen somit die Follikel einer Plaque in ausgedehntester Verbindung miteinander. Auffallend eng sind die umhüllenden Räume, wenn man sich der so weiten submucösen Chyluswege des Schafes erinnert; wir fanden jene $0,01423, 0,01225-0,01$, und weniger betragend. Auch die in den Schleimhautwällen aufsteigenden Lymphbahnen messen zum kleinsten Theile $0,025$ und $0,02$, viel häufiger nur $0,0125$ bis herab zu $0,01'''$. Soviel erkennt man schon ohne Injection.

Wie sehr indessen bei einem und demselben Thiere die Formen der Follikel und die ganze Anordnung der Plaques sich zu ändern vermögen, lehrte uns eine Beobachtung. Bei einem andern Schaf fanden sich tief abwärts im Ileum ziemlich zerstreute, höher über die Schleimhautfläche vorspringende *Peyer*'sche Haufen. Sie waren theils durch zottentragende Schleimhautwälle eingefriedigt, theils durch solche, an denen nur leichte Wölbungen der Oberfläche erschienen. Die Follikel hatten hier eine mittlere Länge von $\frac{2}{3}'''$ und eine Breite von nur etwa $\frac{1}{5}'''$. So war die Form also ganz anders geworden und eine hohe spitz endigende Kuppe mit einem stark entwickelten kugligen Grundtheil trat überall hervor. Letzterer war von denjenigen der Nachbarschaft scharf getrennt und von heraufsteigendem Umhüllungsraume umzogen.

Auf eine Schilderung desjenigen, was in verschiedenen Höhen gewonnene Flächenschnitte lehren, können wir hier verzichten, da unsere Beobachtungen im Wesentlichen mit den Angaben von *His* übereinstimmen. Nur soviel möge noch hier erwähnt sein, dass wir das Balkengerüste des Follikels durch dessen ganze Dicke hindurchtretend gesehen haben; allerdings gegen die Centraltheile hin weitmaschiger. In manchen Knotenpunkten zeigten sich wenigstens bei den von uns benutzten

Exemplaren deutliche Kerne. Nach der Peripherie hin wurde das Balkengerüste auch hier ein gedrängteres. Die Begrenzung der Follikelkuppe sahen wir deutlich netzförmig, aber die Maschenweiten betrugen im Mittel nur etwa 0,0025—0,004''' [1]). Dass die Lymphwege in dem follikulären Gewebe von netzförmig durchbrochenem und in der übrigen Mucosa von membranförmigem Bindegewebe eingefriedigt werden, ist eigentlich überflüssig zu bemerken.

Verfertigt man sich durch einen wohlinjicirten Drüsenhaufen des Schafes einen Verticalschnitt, so treten die Lymphbahnen der Zotten oder zottenähnlichen Ausläufer, bald jedem Vorsprunge zahlreich zukommend, bald aber auch nur einfach in einem solchen Fortsatz enthalten, unter wechselndem Quermesser uns entgegen. Mitunter erscheinen sehr weite Bahnen bis zu 0,025 ja 0,033'''; andere sind viel feiner, nur 0,01667 bis herab zu 0,01''' ergebend. Beim Herabsteigen zwischen den *Lieberkühn*'schen Drüsen, welche, wie wir wissen, in den die Follikel eingrenzenden Schleimhautwällen gelegen sind, verbinden sich die Lymphbahnen durch horizontale Querwege, so dass ein, jedoch sehr unregelmässiges Netzwerk entsteht, welches bis zur Unterfläche der follikulären Verbindungsschicht herabreicht. Auch hier sind die Querdimensionen der Lymphbahnen an Injectionspräparaten recht variabel erscheinend; so dass neben weiteren von 0,025''' andere vorkommen, welche kaum die Hälfte an Weite besitzen. Von der Unterfläche der follikulären Verbindungsschicht erfolgt denn auch hier der Uebertritt der Lymphe in die Umhüllungsräume. Diese sind, auch wenn sie hoch an den Follikelseiten heraufragen, eng und schmal, von 0,01—0,01667''' im Mittel. Mit Injectionsmasse erfüllt, erkennt man, wie sie den Follikelgrund keineswegs immer im continuirlichen Verlaufe umziehen, sondern häufig unterbrochen sind, mitunter fast netzartig erscheinen. *Teichmann* hat offenbar dieses Verhältniss auf Taf. XI, Fig. 3 gezeichnet, nur dass es überall da, wo wir wandungslose Bahnen gefunden, Lymphgefässe mit besonderer Wand darstellt. Sind die Follikel dicht an einander gedrängt gelegen, so scheint ziemlich Alles von den Lymphbahnen der follikulären Verbindungsschicht in die umhüllenden Räume einzumünden. Zeigen sich aber die Zwischenräume zwischen den Follikeln grösser, so führt nur ein Theil der Lymphbahnen in den umhüllenden Raum, während die andern in die zur Submucosa ziehenden Scheidewand herabsteigen, wobei sie die alte Form eines vertical gestreckten unregelmässigen Netzwerkes einhalten. So breite Zwischenräume, wie sie übrigens *Teich-*

---

[1] Die Abbildung des Verticalschnittes, welche *Teichmann* a. a. O. Tab. XI. Fig. 3 giebt, ist im Allgemeinen gut. Die Form der Follikel ist getreu gegeben, nur erfolgt der Uebergang des Kuppentheiles in den Schleimhautwall zu früh. Die Wälle sind ansehnlich breit und nach unten wenig verengt, so dass die Follikel weiter getrennt erscheinen, als es die Regel bildet. Die Lymphbahnen der Mucosa sind sehr reichlich erfüllt und darum sehr stark dilatirt.

mann in der vorher erwähnten Figur zeichnet, dürften nur Ausnahmen bilden.

Aus den umhüllenden Räumen gelangt die Lymphe schliesslich in das submucöse Bindegewebe oder, richtiger gesagt, in das so mächtige, fast diese ganze Lage erfüllende Canalwerk.

Horizontalschnitte durch eine Plaque gewonnen, zeigen die entsprechenden, schon so oft geschilderten Bilder. Sind die Wälle etwas unterhalb ihrer Oberfläche durchschnitten, so treten uns in Gestalt zierlicher Ringnetze die Lymphbahnen entgegen, natürlich mit einer grossen Anzahl quer getroffener Lymphwege. Ist der Schnitt tiefer gefallen, etwa dicht bei den blindsackigen Enden der Schlauchdrüsen, so bemerkt man gewöhnlich einfache Lymphbahnen die Follikelbezirke kreisförmig umziehen. Noch tiefere Schnitte ergeben die Flächenansicht der Umhüllungsräume.

Wir haben dann ein paar Beobachtungen bei dem **Schwein** angestellt. Hier hat *His*[1]) vor uns im Allgemeinen eine ähnliche Anordnung wie beim Schafe gefunden. Die Follikelkuppen aber zogen sich nach oben conisch aus und der untere Theil des Follikels ragte in die Submucosa. Die mittlere Zone bot nichts Auffallendes dar. Die Sinus fand er sparsamer als beim Schafe. Ausgezeichnet war dagegen die Muscularis mucosae, sehr dick und theils stärkere, theils feinere Faserzüge in die oberflächlichen Schleimhautlagen absendend. Soweit die Follikel in der Muskelschicht liegen, erscheinen sie und die umgebenden Sinus getrennt durch breite Muskelbrücken mit im Allgemeinen kreisförmiger Faseranordnung.

Die senkrechten Schnitte zeigten uns an Plaques aus dem unteren Theile des Ileum das nachfolgende Verhalten: Breite gewölbte, netzartig verbundene Schleimhautfalten stellen ein System von Schleimhautwällen auch hier her. In der Mitte einer Plaque besitzen diese Wälle eine ansehnliche Breite von $1/3$, $2/5$, ja $1/2 - 2/3'''$ und mehr. Sie sind hier auf ihrer Oberfläche von kleinen, $0,0833 - 0,0667'''$ messenden zottenähnlichen Vorsprüngen nicht selten bedeckt, welche nach unten netzartig zusammenfliessen. In anderen Fällen ist die Oberfläche des Walles nur mit zahlreichen kleinen wellenförmigen Erhebungen und Vertiefungen bedeckt, und von Zotten keine Rede. Nach der Peripherie der Plaque hin, wo die Follikel an Höhe abnehmen, erscheinen sehr gewöhnlich auf der Wallhöhe zahlreiche entwickelte Darmzotten. Noch abwärts ziehen sich auch hier die Schleimhautwälle mehr keilförmig aus, bald mit geringerer, bald mit stärkerer Verschmälerung, so dass am Verticalschnitt die Wälle $1/5 - 1/10'''$ Dicke erkennen lassen. Die Eingänge zu den Follikelkuppen fallen bald enger, bald weiter aus, ebenso die Tiefe der ganzen Grube; doch wird man dieselbe im Mittel ohngefähr zur halben Schleimhauthöhe annehmen dürfen.

Was die Follikel selbst betrifft, so stehen dieselben an vielen Orten

[1]) a. a. O. S. 17.

dicht gedrängt; nur etwa 0,06667''' entfernt, an andern Orten dagegen durch die doppelten und dreifachen Abstände, ja selbst durch noch grössere Zwischenräume getrennt. Wir unterscheiden auch hier am Follikel die drei üblichen Theile: Kuppe, Mittelpartie und Grundtheil. Der ganze Follikel ist höher als breit. Die letztere Dimension kann im Mittel zu 0,33 — 0,426''' angenommen werden, die Höhe von 0,533 — 0,6'''. Die Kuppe springt, wie *His* angegeben hat, mit stark kegelförmiger Zuspitzung in die Schleimhautgrube vor und ergiebt eine Länge von 0,133 —0,227'''. Die follikuläre Verbindungsschicht dürfte gewöhnlich eine Mächtigkeit von 0,133 — 0,093''' besitzen, und der Grundtheil des Follikels eine Höhe von etwa ⅛ bis gegen ¼''' [1]).

Der Follikelgrundtheil liegt in der Submucosa; hierüber kann unsrer Meinung nach kein Zweifel sein. Man bemerkt nämlich mit Deutlichkeit die Muskelschicht der Schleimhaut als eine 0,04—0,0267'' hohe Lage, ohngefähr ⅛ — ¼ unter der Schleimhautoberfläche durch den Drüsenhaufen horizontal ziehend. Hier enden denn auch die *Lieberkühn*'schen Schlauchdrüsen, deren Mündungen auf der Höhe der Schleimhautwälle, ebenso noch über einen Theil ihrer Seitenwandungen zu erkennen sind. Indem die Follikel mit ihren oberen Theilen über die Region der Muscularis mucosae sich erheben, müssen sie diese durchbrechen. Man erkennt auch mit Deutlichkeit, wie ihre Faserbündel den die Muskellage passirenden Follikeltheil kreisförmig umziehen.

Von der Muscularis mucosae steigen einmal Faserzüge nach oben, zwischen den Schlauchdrüsen empor, andere halten den entgegengesetzten Verlauf nach abwärts ein. Wie weit sie bindegewebiger, wie weit sie muskulöser Natur in dieser absteigenden Richtung sind, wollen wir dahingestellt sein lassen. So viel steht jedoch fest, dass sie keineswegs für sich allein, sondern stets gemischt mit bald geringerer, bald grösserer Menge lymphzellenhaltenden Netzgewebes die Scheidewände zwischen den Follikeln bilden. Man erkennt mit grosser Deutlichkeit, wie dieses Gewebe zwischen den *Lieberkühn*'schen Drüsen in den breiten Wallpartieen beginnt und von da an nach abwärts steigt.

Ein eigenthümliches Verhalten ist uns übrigens an den *Peyer*'schen Plaques des Schweines häufig vorgekommen. In breiteren Schleimhautwällen erscheinen gar nicht selten kleine, ohngefähr ⅕ — ¼''' messende Follikel, welche keine nachweisbare Verbindung mit den tiefer gelegenen typischen eingehen, ebenso, wenn wir recht gesehen haben, nicht in Schleimhautgruben sich eindrängen, sondern in der Mucosa selbst verbleiben. Dass sie dagegen mit dem lymphoiden Netzgewebe in continuirlicher Verbindung stehen, welches in die follikuläre Verbindungsschicht der gewöhnlichen Follikel übergeht, unterliegt keinem Zweifel.

[1]) Die für den Follikel im Texte angegebenen Dimensionen gelten jedoch nur für die Mittelpartie einer Plaque; nach den Rändern des Drüsenhaufens gestaltet sich auch hier Manches abweichend.

Noch in gar manchem Anderen kann die Structur einer Plaque sich ändern; so fiel uns mitunter ein auffallender Bau der follikulären Verbindungsschicht auf. Dieselbe setzte sich in starken Zügen tief durch das submucöse Gewebe gegen die Muskelhaut hin nach abwärts fort. Ebenso bemerkte man unterhalb breiter Schleimhautwälle jene Schicht bis zum Grund benachbarter Follikel nach unten gehend und hier abgerundet einen Follikelgrund nachahmend, der vom umhüllenden Raum eingefriedigt wurde. Natürlich liess sich mit dem gleichen Rechte hierin ein Follikel sehen, der nach oben durchaus in die folliculäre verbindende Lage auslief.

In einem andern Falle trafen wir die folliculäre Verbindungssubstanz in einem grossen Schleimhautwall hoch emporgedrungen, so dass sie nur $\frac{1}{8}$ von der Schleimhautoberfläche entfernt blieb. Man erkannte über ihr deutlich die in schiefer Stellung gedrängten Schlauchdrüsen und die etwas verdünnte Muscularis mucosae. In der folliculären Substanz aber lagen zwei jener getrennten Follikel, einer von rundlicher Gestalt, ein anderer nach abwärts in einen langen schwanzähnlichen Ausläufer ausgezogen. In einem dieser Plaques des Schweines fiel uns noch ein sonderbares Verhalten des Follikelgrundes auf; derselbe zeigte nämlich constant eine innere concentrische Linie, und erschien somit genau unter dem Bilde, welches die *Malpighi*'schen Körperchen der Milz bei Nagethieren darbieten.

Die Flächenschnitte aus verschiedenen Höhen der Schleimhaut gewonnen, geben die correspondirenden Ansichten. Der Horizontalschnitt der Walloberfläche bietet die Netze der Schleimhautfältchen dar, und in den Gruben die Mündungen der Schlauchdrüsen. Schon hier ist das Schleimhautgewebe recht reich an Lymphkörperchen. Ein etwas tiefer geführter Schnitt zeigt in den Wällen einzelne Faserzüge muskulöser Natur und in den von den Wällen eingegrenzten Lückenräumen, die mit Cylinderepithelium bedeckte Follikelkuppe. Schnitte aus der Region der folliculären Verbindungsschicht gewonnen ergeben im Allgemeinen ein ähnliches Bild, wie es *His* für das Kalb geschildert hat; jedoch bieten die den eigentlichen Follikel umkreisenden Faserzüge eine eigenthümliche Modification dar. Weiter nach abwärts, in der Region des Follikelgrundes, erkennen wir schmale Umhüllungsräume um die Follikel und eine bald feinere, bald dickere netzförmige Septenbildung. Letztere besteht theils aus folliculärem Gewebe, theils aus den mehrfach erwähnten Faserzügen.

Das Fasergerüste des Follikels selbst zeichnet sich durch die Breite und Stärke seiner Netzfasern aus.

Diese bilden gegen die Peripherie hin ein sehr engmaschiges Netzwerk, nach den centralen Theilen zu ein mehr und mehr weitmaschiges. Kerne in den Knotenpunkten sahen wir häufig.

Wie an den *Malpighi*'schen Körperchen der Milz fanden wir auch für den Grundtheil des Follikels die innere concentrische Linie, durch eine engmaschigere Netzfaserlage hergestellt.

Da unsere Lymphinjectionen sehr unvollkommen geriethen, verzichten wir auf jede Schilderung der Lymphwege beim **Schwein**.

Dagegen gelang es, im Ileum des **Hundes** vortreffliche Injectionen der *Peyer*'schen Drüsen zu erhalten.

Die Follikel ragten mit ihren rundlichen, $0,2-0,25'''$ messenden Grundtheilen in das submucöse **Gewebe**, zeigten dann eine ansehnliche, die starke Muscularis mucosae durchdringende, $0,05'''$ hohe follikuläre Verbindungssubstanz und besassen ziemlich schlanke zugespitzte **Kuppen** von $0,125$, $0,143-0,2'''$ Höhe. Die die letzteren einfriedigenden Schleimhautwälle trugen stark abgerundete, $0,25'''$ hohe und $0,05'''$ breite Darmzotten in gedrängter Stellung.

Die Injection zeigte $0,025-0,05'''$ starke klappenführende Lymphgefässe das submucöse Bindegewebe durchsetzend und an dem Follikelgrund angekommen ein ähnliches, **aber weiteres** und complicirteres Röhrenwerk bildend, wie wir es oben von der Katze geschildert haben. Die folliculäre Verbindungssubstanz durchsetzten ebenfalls zahlreiche netzartig verbundene Gänge, welche dann zwischen den Schlauchdrüsen senkrecht aufstiegen. Dicht unter der Schleimhautoberfläche gingen sie in ein ansehnliches horizontal **laufendes** Netzwerk $0,02-0,025'''$ **weiter** Gänge über **und aus** diesem endlich entsprangen die Chyluscanäle der Darmzotten, sehr breite, bis zu $0,033$ und $0,04'''$ messende Gänge.

Ueber den Bau und die Lymphbahnen der *Peyer*'schen Drüsen **des Menschen** und der **Vögel** hoffen **wir an** einem anderen Orte berichten zu können.

Zürich, Ende October 1862.

Erklärung der Abbildungen.

Tafel XXI.

Fig. 1. Senkrechter Schnitt durch den Anfangstheil des Colon beim Kaninchen mit circa 100facher Vergrösserung gezeichnet. *a* Colonpapille ; *b* einzelne Schlauchdrüsen (andere, um die Zeichnung nicht zu überladen, blieben weg) ; *c* submucöse, *d* Muskellage des Darms ; *e* Arterienzweige, in das Capillarnetz *f* sich auflösend ; *g* die Axenvenen der Papillen, bei *h* in die horizontal verlaufenden Venen der Submucosa übergehend ; *k* horizontal laufende Lymphgefässe der gleichen Darmschicht, bei *l* eins als Lymphscheide einen Venenquerdurchschnitt umfassend ; bei *m* die verticalen Lymphcanäle in den Axen der Colonpapillen.

Fig. 2. Die Colonpapillen bei ganz schwacher Vergrösserung von oben her gesehen. *a* Die Enden der Lymphcanäle ; bei *b* dieselben von Gefässen bedeckt ; bei *c* die Capillaren und bei *d* die Venenanfänge.

Fig. 3. Eine Colonpapille bei circa 300facher Vergrösserung in der Seitenansicht. *a* Cylinderepithelium ; *b* Schlauchdrüsen ; *c* die Axenvene ; *d* Capillaren, bei *e* sich umbiegend zum Venenanfang ; *f* der Lymphcanal.

Fig. 4. Querdurchschnitt durch die Schleimhaut etwas unter den Basen der Papillen bei derselben Vergrösserung. *a* Schlauchdrüsen ; *b* Querdurchschnitte senkrecht aufsteigender Capillaren ; *c* seitliche Ansichten von Haargefässen ; *d* Schleimhautgewebe, *e* Querdurchschnitte stärkerer Blutgefässe ; *f* ein solches mit einem Lymphcanalquerschnitt *g*, von gemeinschaftlicher bindegewebiger Masse umhüllt ; *h* ein anderer grösserer Lymphraum, quer getroffen.

Fig. 5. Dasselbe Object bei 650facher Vergrösserung (*Hartnack*'sches Immersionssystem No. 9. Oc. 3). *a* Drüsenquerdurchschnitt ; *b* Schleimhautgewebe mit Lymphzellen bei *d* ; *c* Capillaren im Querschnitt und bei *e* ein Haargefäss in seitlicher Ansicht.

Fig. 6. Querschnitt der Dünndarmschleimhaut vom Kaninchen dicht unter den Basen der Zotten gewonnen. Vergrösserung 650fach. *a* Querdurchschnitte *Lieberkühn*'scher Drüsen und *b* solche von Haargefässen ; *c* Seitenansichten der letzteren ; *d* das in grosser Menge Lymphzellen beherbergende Schleimhautgewebe ; *e* ein grösseres Gefäss im Querschnitt und bei *f* ein geöffneter Lymphgang.

Fig. 7. Querdurchschnitt durch die Mucosa des Magens des gleichen Thieres bei circa 400facher Vergrösserung. *a* Querschnitt von Labdrüsen mit Zellen ; *b* ausgepinselte Räume derselben ; *c* Querschnitt von Blutgefässen ; *d* das Schleimhautgewebe.

Fig. 8. Wand des Colon mit durch die Serosa und Muscularis hindurchschimmernden horizontalen Gefässen mit schwacher Vergrösserung. *a* Arterien ; *b* Venen ; *c* Haargefässanfänge ; *d* Lymphgefässe ; *e* Aeste derselben.

Fig. 9. Unterfläche der Submucosa bei gleicher Vergrösserung. *a* Arterie ; *b* Haargefässe ; *c* Vene ; *d* Lymphgefässe mit in die Schleimhaut eindringenden Seitencanälen bei *e*.

(Taf. I. behandelt auf Fig. 1—5 die Dünndarmschleimhaut des Schafs; auf Fig. 6—
11 diejenige des Kalbes; Taf. II. stellt den Bau beim Kaninchen dar. Die meisten
Zeichnungen sind mittelst der Linsensysteme eines *Hartnack*'schen Mikroskopes und
der Camera lucida, aber in sehr verschiedener Höhe gewonnen worden).

Tafel I.

Fig. 1. Die mit Berliner Blau erfüllten **Darmzotten des Schafs (System 4)**. *a* Eine
breitere Zotte mit doppeltem Chyluscanal, der oben bogenförmig und weiter
unten durch einen Querzweig communicirt; *b* eine ähnliche mit dreifachen
complicirten Chylusbahnen; *c* eine Zotte mit einfachem, nach der Spitze sich
verengendem Canal.

Fig. 2. Flächenschnitt durch die Schafsdünndarm-Schleimhaut tiefer **unterhalb der
Zottenbasen (System 4)**. *a* Das Gewebe der Schleimhaut mit den Querschnitten *Lieberkühn*'scher Drüsen *b*, welche meistens noch ihre Drüsenzellen
beherbergen und nur an den Rändern des Präparates dieselben durch Pinseln verloren haben; *c* die netzförmigen Chyluscanäle.

Fig. 3. Gewebe der Schleimhaut des Schafs in nächster Umgebung eines *Peyer*'schen
Follikels (Immersionssystem No. 9 und Oc. 1); *b* das netzförmige Gewebe,
die *Lieberkühn*'sche Drüse *a* umgebend; *c* Lymphkörperchen.

Fig. 4. Dasselbe Gewebe des gleichen Thieres dem Follikel etwas entfernter entnommen (bei der Vergrösserung von Fig. 3); *a* rundliche, *b* längliche Kerne
in dem unregelmässigen bindegewebigen Netzwerk.

Fig. 5. Das gleiche Gewebe des Schafs bei *a* mit unbestimmtem, bei *b* mit netzartigem Charakter; *c* längs-ovale Kerne; *d* Lymphkörperchen; *e* Querschnitt
der ihres Epitheliums beraubten Drüse (Vergrösserung von Fig. 3 und 4).

Fig. 6. Seitenansicht der injicirten Darmzotten des Kalbes (System 2); *a* Darmzotten
mit ihren Chyluscanälen; *b* die letzteren durch die Schleimhaut absteigend;
c netzförmige Verbindung im tieferen Theile der Mucosa; *d* submucöses
Bindegewebe.

Fig. 7. Eine ähnliche Ansicht, dem gleichen Thiere entnommen, bei einer stärkeren
Vergrösserung (System 4). *a* Darmzotten mit injicirten Chylusbahnen; *b*
die *Lieberkühn*'schen Drüsen; *c* die senkrecht absteigenden Chyluscanäle mit
ihren Verbindungen bei *d* und tieferen Fortsetzungen bei *e*; *f* Chylusgefäss
der Submucosa. Die Lymphzellen sind angegeben.

Fig. 8. **Vier Darmzotten desselben Thiers (System 5)**; *a, b, c* mit einfacher typischer
Beschaffenheit; bei *d* Zotte und Chylusbahn nach oben gespalten.

Fig. 9. Querschnitte durch die injicirten Kalbsdarmzotten; *a* zwei feinere Zottenbasen durch Bindegewebe communicirend, *b* eine etwas stärkere; die Lymphzellen sind aus gezeichnet (System 5).

Fig. 10. Horizontalschnitt durch die Dünndarmschleimhaut **des Kalbes** an der Zottenbasis. *a* Gewebe mit Lymphzellen; *b Lieberkühn*'sche Drüsen; *c* Querschnitte der Basaltheile von Darmzotten; *d* Querschnitte etwas tieferer absteigender Chyluswege (System 4).

Fig. 11. Tieferer Schnitt durch die gleiche Haut (etwas schwächere Vergrösserung);
a Gewebe; *b* Drüsen; *c* Chyluswege.

Tafel II.

Fig. 1. Senkrechter **Längsschnitt** durch **das Ileum** des Kaninchens mit blau injicirten Chylusbahnen (System 2); *a* schmälere Zotten; *b* eine breitere; *c*
senkrecht absteigende Chyluscanäle; *d* horizontales Netzwerk der letzteren;
e tiefer abtretender Canal.

Fig. 2. Zwei Zotten unter gleicher Vergrösserung einem senkrechten Querschnitt entnommen; *a* mit drei, *b* mit einem Chyluscanal.

Fig. 3. Zwei andere in gleicher Ansicht und Vergrösserung.

Fig. 4. Zwei weitere Darmzotten des Kaninchens (Ansicht und Vergrösserung die gleiche). Jede Zotte mit weitem, aus zwei Wurzeln gebildeten Chylusbehälter. Das Venensystem in seinen Anfängen roth erfüllt.

Fig. 5. Die Spitzentheile vier anderer Darmzotten des gleichen Geschöpfes mit Carmin in ihren Chylusbahnen und mit Berliner Blau zum Theil in den Venenästchen gefüllt. *a, b, c* kehren die breite Fläche dem Auge zu und zeigen doppelte Chyluscanäle; bei *d* eine Zotte in seitlicher Ansicht mit einfachem, sich zuspitzendem Chylusgang. Vergrösserung die gleiche.

Fig. 6. Andere Darmzotten des Kaninchens mit Carmin erfüllt. *a* und *b* in seitlicher Ansicht; *c, d, e* von der breiten Fläche gesehen; bei *d* complicirte Chyluscanäle; bei *d* und *e* sehr starke Erweiterung der letzteren. Dieselbe Vergrösserung.

Fig. 7. Zottenspitze mit dem roth gefüllten Chylusbehälter *a* und dem blau injicirten Capillarnetze. (System 5).

Fig. 8. Zwei Zotten mit der Schleimhaut und den tieferen Schichten: *a* ihre Chylusgänge; *b* das Capillarnetz; *c* Lieberkühn'sche Drüsen; *d* Submucosa (unter ihr der Anfang der Muskelhaut); *e* arterielle und capillare Gefässe um die Drüsen; *f* Venenzweige; *g* horizontaler Chyluscanal. Etwas stärkere Vergrösserung als Fig. 1. Injectionsmassen wie bei Fig. 7.

Fig. 9. Querschnitte von Darmzotten (System 5), Blutgefässe roth, Chylusbahn blau; *a, b* durch die oberen Spitzentheile, *c, d, e* durch die unteren abgeflachten Partieen; bei *c* und *d* ist das Epithelium erhalten, nicht aber bei *e* (wo die Lymphkörperchen vollkommen eingezeichnet sind).

Fig. 10. Horizontaler Schnitt durch die Schleimhaut an den Zottenbasen (System 4). *a* Schleimhautgewebe; *b* Querschnitte Lieberkühn'scher Drüsen; *c* solche der Darmzotten mit den blau injicirten Chylusgängen.

Fig. 11. Die horizontalen Gefäss- und Chyluscanalausbreitungen der Submucosa des Kaninchens von der Peritonaealseite aus (System 2); *a* die dunkelblau erfüllten arteriellen, *b* die hellblau injicirten venösen Abtheilungen und Astsysteme der Blutgefässe; *c* das roth gefüllte Netzwerk der weiten Chyluscanäle.

Tafel III und IV.

(Die meisten Zeichnungen sind mit dem Linsensysteme 2 und der Chambre claire des *Hartnack*'schen Mikroskop's gezeichnet; diejenigen der Tafel III. betreffen sämmtlich den Processus vermiformis des Kaninchens).

Fig. 1. Der wurmförmige Fortsatz des Kaninchens im Verticalschnitt. *a* Eingang zu den Gruben der Schleimhaut; bei *b* ein zweiter; *c* Follikelkuppe; bei *d* eine zweite durchschimmernd; *e* das oberflächliche Lymphnetz; *f* der tiefere Theil desselben; *g* und *i* die weiter absteigenden senkrechten Röhren; *h* Uebergangsstelle der Follikelkuppe in den mittleren Verbindungstheil; *k* der letztere selbst; *l* Netz der Lymphbahnen dieser Stelle; *m* Lymphwege, welche den warzenförmigen Vorsprung durchsetzen; *n* Follikelgrundtheile mit den Umhüllungsräumen; *o* unterer Theil der letzteren; *p* und *q* Lymphbahnen des submucösen Gewebes. — Die verschiedenen Höhen sind rechts mit Zahlen bezeichnet.

Fig. 2. *A.* Querschnitt durch den oberen Theil der verbindenden Follikelpartie; *a* Netzgewebe; *b* Lymphzellen; *c* Drüsenquerschnitte; *d* Lymphräume; *e* Furche am Grund der Follikelkuppe, mit Epithelium bekleidet. — *B.* Ein etwas tieferer Querschnitt; *a* Zellennetz; *b* Lymphkörperchen; *c* Lymphbahnen.

Fig. 3. **Ein die zur Follikelkuppe führende Grube begrenzender Schleimhautwall.** *a* oberste Schicht, mit horizontalen Kernen; *b* Lymphbahnen; *c* Schlauchdrüsen; *d* ein bindegewebiger Gang, wohl eine Lymphbahn darstellend; *e* unterer stielförmiger Theil des Schleimhautwalles (100 fache Vergrösserung).

Fig. 4. **Die Schleimhautoberfläche mit den Lymphbahnen.** *a* Eingänge zu den Gruben; *b* Schleimhautwälle mit den Schlauchdrüsen; *c* die Lymphwege; *d* absteigende Gänge derselben

Fig. 5. **Horizontalschnitt durch den oberen Theil der keilförmig verengten Schleimhautwälle.** *a* Die Wälle mit den Lymphbahnen; *b* die Follikelkuppen.

Fig. 6. **Ein etwas tieferer Horizontalschnitt.** *a* Wälle; *b* Follikel.

Fig. 7. **Ein noch tieferer Horizontalschnitt, durch die verbindende folliculäre Substanz.** *a* Follikel; *b* Verbindungssubstanz; *c* Lymphwege.

Fig. 8. **Horizontalschnitt durch den Follikelgrund.** *a* Follikel; *b* Umhüllungsräume.

Fig. 9. **Verticalschnitt durch einen einfachen Peyer'schen Drüsenhaufen des Ileum vom Kaninchen.** *a* Darmzotten mit den Blutgefässen; *b* modificirte Darmzotten zwischen den Follikeln; *c* Follikelkuppe; *d* verbindende Schicht; *e* Follikelgrund; *f* Submucosa; *g* Muskelhaut; *h* längslaufende Chylusbahnen des submucösen Gewebes; *i* Querschnitte derselben; *k* Chylusgefässe der Darmzotten; *l* Chylusgefässe der modificirten Darmzotten; *m* Chylusnetze der Schleimhaut; *n* Umhüllungsräume um den Follikelgrund; *o* Einmündung der Chylusbahn der Schleimhaut in die submucösen Canäle.

Fig. 10. **Querschnitte durch die injicirten Follikel derselben Localität.** *a* Capillarnetz dieser selbst; *b* der zwischenliegenden Schleimhaut.

Fig. 11. **Verticalansicht.** *a* Follikel; *b* stärkere Blutgefässe; *c* Capillarnetze der Darmzotten.

Fig. 12. **Horizontalschnitt durch die Follikel des Blinddarmes der Katze.** *a* Follikel; *b* die modificirten Umhüllungsräume.

Fig. 13. **Verticalschnitt derselben Stelle, mit zottenfreier Oberfläche.** *a* Schleimhaut mit den Schlauchdrüsen; *b* Follikelkuppe; *c* verbindende folliculäre Substanz; *d* Follikelgrund; *e* Muscularis mucosae; *f* das aus der Schleimhaut aufsteigende Lymphnetz; *g* Seitentheile des Umhüllungsraumes, *h* Grundtheil; *i* Lymphgefäss der Submucosa.

Fig. 14. **Verticalschnitt durch den Eingangstheil des Blinddarmes mit zottenführender Oberfläche.** *a* Zotten mit den Chylusgefässen; *b*, *c*, *d*, *e* wie bei Fig. 13; *f* bindegewebige Scheidewand zwischen den Follikeln; *h* Umhüllungsraum; *i* Lymphgefäss der Submucosa.

Fig. 15. **Verticalschnitt durch Peyer'sche Follikel des Coecum vom Meerschweinchen.** *a* Schleimhaut mit den Drüsen; *b* Follikelkuppe; *c* Mitte; *d* Grund; *e* Lymphwege der Schleimhaut; *f* horizontale Lymphwege der Schleimhautunterfläche; *g* Lymphbahnen um die Follikel; *h* Blutgefässe.

Fig. 16. **Verticalschnitt durch Peyer'sche Follikel aus dem oberen Theil des Dünndarmes beim Kalb.** *a* Darmzotten mit den Chylusgefässen; *b* Follikelkuppe; *c* verbindende folliculäre Substanz; *d* Follikelgrund; *e* Scheidewände; *f* Submucosa; *g* netzförmige Lymphbahnen der Follikelmitte, *h* des Umhüllungsraumes und *i* der Submucosa; *k* ein Blutgefäss.

Fig. 17. **Peyer'sche Drüsen aus dem Endtheil des Ileum von demselben Thier.** Die Bezeichnung die gleiche wie bei Fig. 16, nur *k* die Muscularis mucosae darstellend.

Druck von Breitkopf und Härtel in Leipzig.

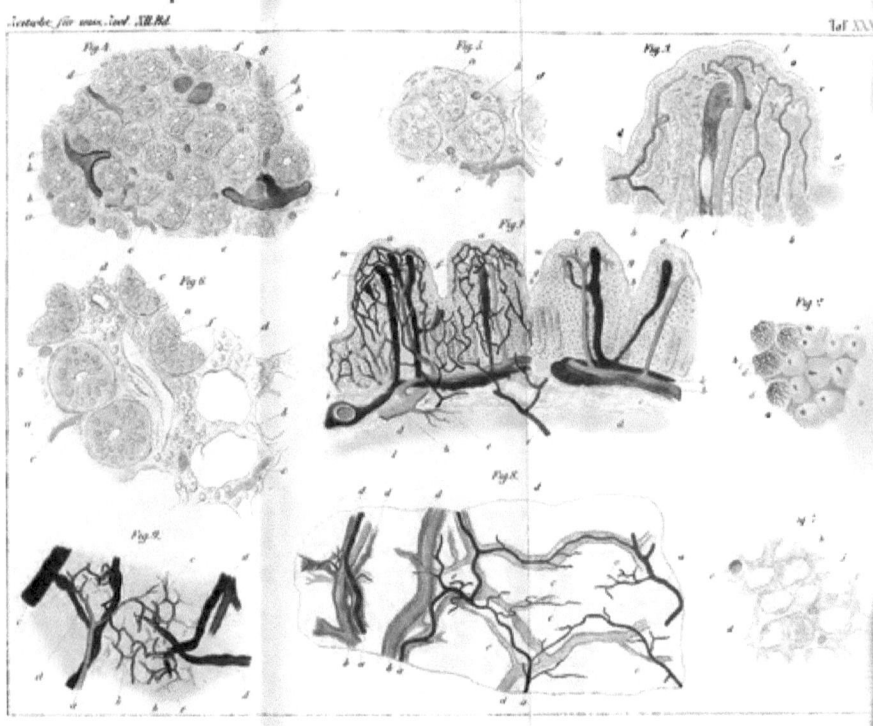

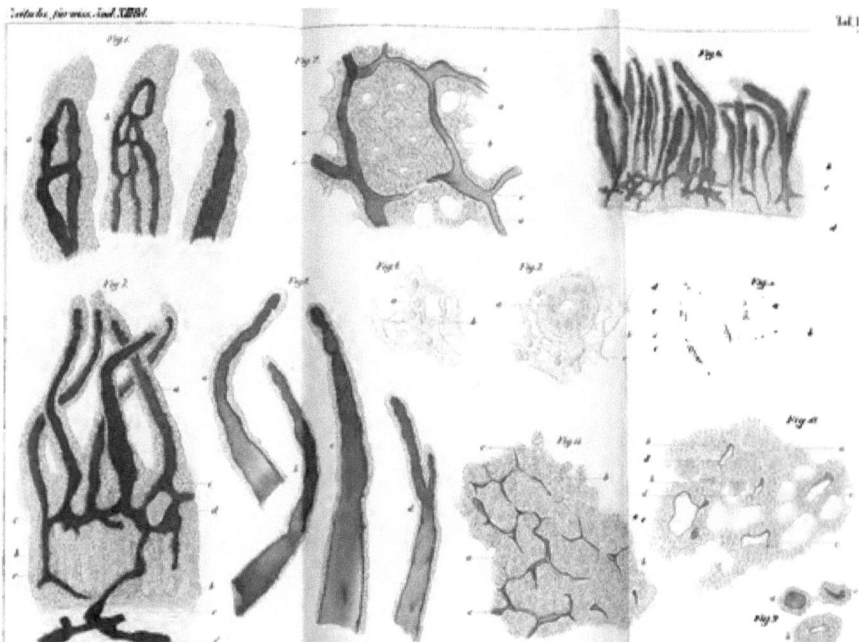

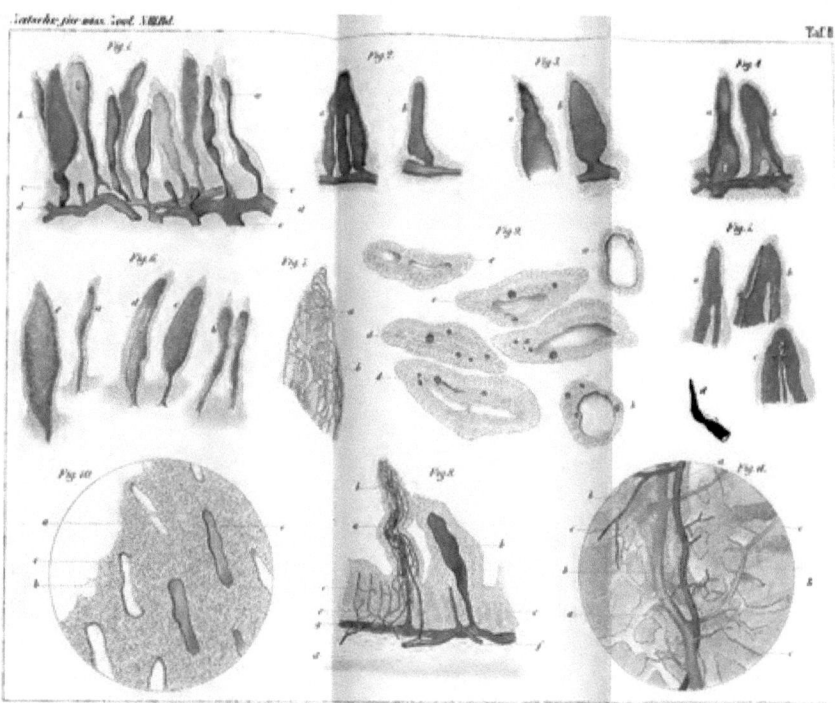

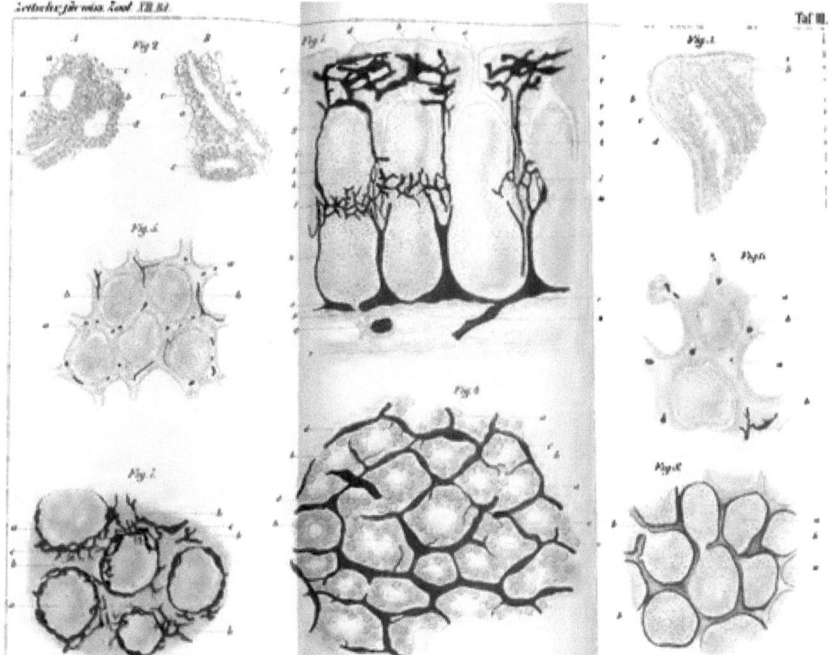

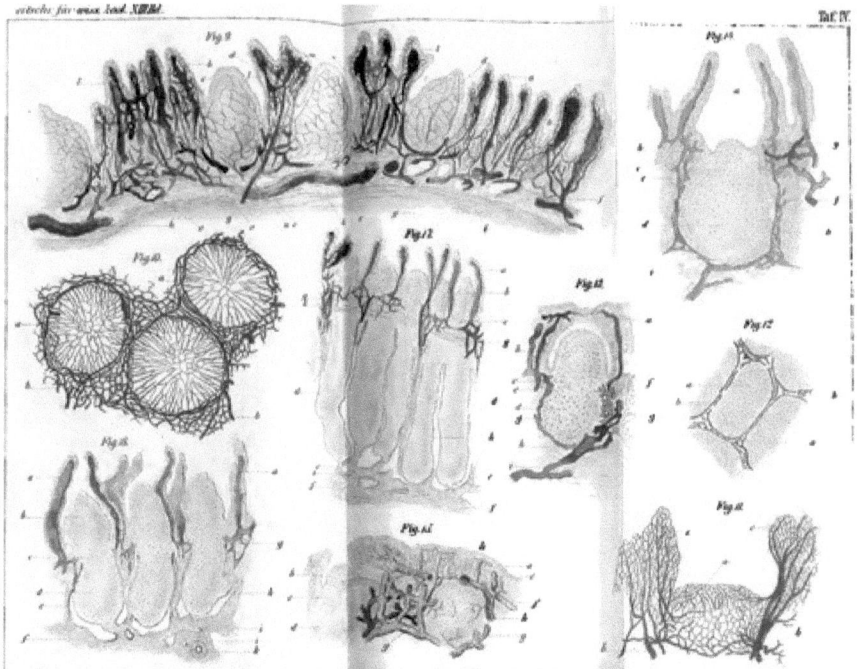